汽车营销与服务复合型人才培养教材

汽车销售服务与运营管理

朱升高　韩素芳　编著

机械工业出版社

本书主要介绍了汽车销售服务标准与基本要求、客户沟通与销售技巧、汽车销售流程、店面营销管理、大客户市场营销、新车市场宣传推广、汽车4S店销售业绩提升、销售绩效管理、汽车网络营销、汽车金融与信贷服务管理等十个项目的内容，较为全面地阐述了汽车销售服务与运营管理主要知识技能的必知必会，每一个知识点的编写体现了以能力培养为本位的教学思想，体现了个人能力培养、职业能力培养和岗位能力培养的同步进行。

本书可作为汽车销售服务与运营管理职业培训教材，也可作为高职高专院校汽车营销与服务专业相关课程的教材。为方便教与学，本书配有教学课件，教学课件的编写基于创新型课堂的新体系、新思路、新方法的多维教学理念设计。选择本书作为教材的老师，可通过www.cmpedu.com免费下载课件。

图书在版编目（CIP）数据

汽车销售服务与运营管理／朱升高，韩素芳编著. —北京：机械工业出版社，2021.5（2024.1重印）

汽车营销与服务复合型人才培养教材

ISBN 978-7-111-68259-2

Ⅰ.①汽… Ⅱ.①朱… ②韩… Ⅲ.①汽车-销售服务-高等职业教育-教材 ②汽车-运营管理-高等职业教育-教材 Ⅳ.①F766 ②F717.5

中国版本图书馆CIP数据核字（2021）第093154号

机械工业出版社（北京市百万庄大街22号 邮政编码100037）
策划编辑：赵海青 王 婕　　责任编辑：赵海青 王 婕 丁 锋
责任校对：朱继文　　封面设计：马精明
责任印制：常天培
固安县铭成印刷有限公司印刷
2024年1月第1版·第3次印刷
184mm×260mm·12.75印张·295千字
标准书号：ISBN 978-7-111-68259-2
定价：59.90元

电话服务　　　　　　　　网络服务
客服电话：010-88361066　　机 工 官 网：www.cmpbook.com
　　　　　010-88379833　　机 工 官 博：weibo.com/cmp1952
　　　　　010-68326294　　金 书 网：www.golden-book.com
封底无防伪标均为盗版　　　机工教育服务网：www.cmpedu.com

丛书序

随着汽车行业的不断发展，汽车后市场的技术与服务的理念正在发生巨大的变化，这就促使汽车后市场的从业者不断地学习新的知识和技能，使自己的工作能力有更大的提升，以适应变化中的职业要求。

为适应汽车后市场人才需求，汽车院校掀起了教学改革的热潮，本套丛书正是为了适应汽车后市场从业人员的知识体系和汽车院校教学内容体系更新的需求而编写的。

编者秉承"来源于行业、服务于教育"的理念，本套丛书在编写中特别注重紧贴汽车后市场工作岗位的实际工作内容，融合了创新的教学方法。

在知识体系方面，本套丛书立足于真实的工作岗位职能要求，体现现代汽车后市场行业对从业人员的职业能力要求。本套书的知识内容都是从工作岗位与行业发展要求中提炼的，紧贴职业能力的培养，教材内容新颖、实用，更新了知识结构，补充了很多汽车后市场必需的专业知识。我们相信本套丛书里呈现的知识内容能够满足现代汽车后市场职业化复合型人才能力培养的需要。

新知识体系的构建与编写从正本清源的角度出发，一切都是为了好学、好教，将教学法与知识结构相结合是适应教学观念转变、课堂改变的有效途径之一。编者经过长年的教学积累与探索，总结并且不断优化教学方法，设计了"准备——互动化传授——实践——探讨——总结"五步教学法，并将之融入了本套丛书的编写中，努力将本套丛书打造成一套融教和学为一体的互动性教材，回归教材作为系统化、体系化知识载体的核心作用，避免了部分项目式教材分割知识体系，从而导致知识体系不完整的缺憾。

本套丛书紧贴当前汽车后市场复合型人才的岗位需求，以职业教育创新型人才培养为目标，特别注重提升学生的思维能力、表达能力、创新能力与未来的职业拓展能力。在内容编排上以学生为本，通过基础知识学习、实践训练、探讨验证、项目小结等环节的设置，将实践训练与学习测评相结合，把"以工作过程为导向"转化成"以课堂行动为导向"，使教师能够引导学生学习知识、激发学生思考、锻炼语言组织和表达沟通，提升沟通、思考、表达以及解决问题的能力，打造一个有思维碰撞的互动性课堂。

本套丛书内容通俗易懂、力求新颖，紧密结合主流的汽车行业岗位需求，重点突出实践与应用环节，适合汽车行业后市场复合型人才学习，也适合作为高职高专院校汽车营销与服务专业教材。

胡建军

前言

  本书从实战角度较全面地阐述了汽车销售与营销的有关内容以及销售管理职业岗位的知识与技能，每一个知识点的编写体现了以能力培养为本位的教学思想，体现了个人能力培养、职业能力培养、岗位能力培养的同步进行。教材所选的内容紧贴工作岗位的实际工作内容，按照"准备——互动化传授——实践——探讨——总结"五步教学法编写，将教和学结合成一个整体，将以学生为主体的互动、主动学习作为教材编写的核心方向，同时回归教材的核心作用，不分割知识的完整性，不采用填鸭式的编写模式，从而给学生在课前预习、课中学习、课后自习留下足够余量。

  考虑到对学生的综合能力培养，本书内容的编写既考虑了学生能力培养的应知应会，又扩充了许多紧贴时代发展需求的必知必会，用大量的知识更迭突出现代社会技术发展下的新知识体系与新能力的培养，体现本书的新时代教育的责任感。

  本书由扬州温馨网络科技有限公司组织编写，在编写的过程中，得到了行业内的朋友、同事与专家的帮助和指点，并参考了一些文献资料，这里深表感谢，感谢大家的无私与热情。限于个人的职业经历，对教材的编写还存在不足，书中如有错误或遗漏，希望广大读者提出宝贵意见，以便我们进一步改正与完善。

编　者

目录

丛书序
前言

项目一　汽车销售服务标准与基本要求　001
1.1　基础知识学习　001
1.1.1　汽车销售基础知识　002
1.1.2　汽车销售顾问职业要求　007
1.1.3　汽车销售服务礼仪　008
1.2　实践训练　014
任务　销售礼仪实战　014
1.3　探讨验证　016
1.4　项目小结　016
项目练习　017

项目二　客户沟通与销售技巧　019
2.1　基础知识学习　019
2.1.1　客户类型与特征分析　020
2.1.2　客户沟通技巧　023
2.1.3　新车销售方法　026
2.2　实践训练　030
任务　客户异议处理　031
2.3　探讨验证　032
2.4　项目小结　032
项目练习　033

项目三　汽车销售流程　035

3.1　基础知识学习　035
- 3.1.1　潜在市场与客户开发　036
- 3.1.2　销售准备与来客接待　040
- 3.1.3　需求分析　045
- 3.1.4　产品介绍　051
- 3.1.5　试乘试驾体验　054
- 3.1.6　促单成交　057
- 3.1.7　新车交付　060
- 3.1.8　售后跟踪　063

3.2　实践训练　066
- 任务1　客户购车需求分析　066
- 任务2　六方位介绍　069

3.3　探讨验证　069
3.4　项目小结　070
项目练习　070

项目四　店面营销管理　072

4.1　基础知识学习　072
- 4.1.1　促销活动方案策划　073
- 4.1.2　品牌化建设与宣传　079

4.2　实践训练　081
- 任务　策划、制定店庆活动方案　082

4.3　探讨验证　082
4.4　项目小结　083
项目练习　083

项目五　大客户市场营销　085

5.1　基础知识学习　085
- 5.1.1　大客户渠道开发　086
- 5.1.2　大客户营销策略　094

5.2	实践训练	097
	任务　车辆采购公关与谈判	098
5.3	探讨验证	099
5.4	项目小结	099
	项目练习	100

项目六　新车市场宣传推广　102

6.1	基础知识学习	102
	6.1.1　市场推广调研	103
	6.1.2　广告策划与投放	107
6.2	实践训练	113
	任务　新车上市市场宣传策划	114
6.3	探讨验证	116
6.4	项目小结	116
	项目练习	117

项目七　汽车4S店销售业绩提升　119

7.1	基础知识学习	119
	7.1.1　成功邀约与客户流量管理	120
	7.1.2　有效客户转化	126
	7.1.3　客户满意与客户忠诚	129
7.2	实践训练	136
	任务　客户到店流量数据分析与对策研究	137
7.3	探讨验证	138
7.4	项目小结	139
	项目练习	139

项目八　销售绩效管理　141

8.1	基础知识学习	141
	8.1.1　员工有效激励与考核	142
	8.1.2　员工销售能力提升	148

8.2	实践训练	151
	任务　根据雷达统计图分析销售中的问题并做出改进计划	151
8.3	探讨验证	153
8.4	项目小结	154
	项目练习	154

项目九　汽车网络营销　　156

9.1	基础知识学习	156
	9.1.1　汽车网上商城经营模式	157
	9.1.2　汽车网上商城的建设与经营	162
9.2	实践训练	170
	任务　对汽车商城网站的建设制定客户体验工作的设计方案	170
9.3	探讨验证	171
9.4	项目小结	172
	项目练习	173

项目十　汽车金融与信贷服务管理　　175

10.1	基础知识学习	175
	10.1.1　汽车金融服务	176
	10.1.2　汽车消费信贷与风险管理	180
10.2	实践训练	188
	任务　对客户的财务状况进行分析并提出合理的建议	189
10.3	探讨验证	190
10.4	项目小结	191
	项目练习	191

参考文献　　193

项目一 汽车销售服务标准与基本要求

学习目标

完成本项目的学习后，能够达到以下目标：

- 掌握汽车销售必备的基础知识
- 学会汽车销售服务接待的相关礼仪

1.1 基础知识学习

汽车销售顾问的重点工作是向客户提供专业的汽车消费咨询和购车指南服务，基于客户的需求和利益，为客户提供满足客户需求和利益的汽车产品销售服务。如果想要在工作中突出专业能力，除了要掌握必备的汽车基础知识外，还需要掌握和客户沟通的技巧。另外，礼仪不仅仅是代表了销售顾问专业人员的个人形象，也体现了经销商的专业形象。

本项目重点介绍汽车销售的基础知识与服务接待的相关礼仪。

教师准备

在正式授课之前，应当做好如下准备：

- 准备上课的教学课件与辅助教学资料，制定学习任务与课前任务并下派到每一个学习小组，要求学生做好课前预习
- 对教学课堂的阶段进展与教学实施方法进行设计，建议采用工作站教学法，准备好工作页，每个小组轮换完成学习

学生准备

在正式上课之前，应当做好如下准备：

- 在课前预习老师安排的教学内容，完成老师安排的任务
- 准备好需要向老师提出的本项目范围内的问题

1.1.1 汽车销售基础知识

? 汽车销售人员应当掌握哪些基础的汽车知识?

汽车销售顾问工作的立足点是基于客户的需求和利益,为客户提供满足客户需求和利益的汽车产品的销售服务。销售的步骤主要有客户开发、客户跟踪、销售指导、销售谈判、车辆成交等。在销售工作中,还可能涉及汽车保险、上牌和交车以及汽车精品等其他业务的推荐与介绍。

作为一名优秀的汽车销售顾问,不仅需要掌握汽车销售流程,还需要了解客户的心理,分析客户的需求,掌握熟练的沟通技巧和接待现场解决客户咨询问题的能力,这就要求销售人员能够掌握汽车制造的一些相关知识,并能了解汽车结构、新技术基本原理、法规、政策和制度以及价格谈判技巧等。

由于汽车销售专业需要学习关于汽车技术方面的专业课程,这里只是介绍一些基础的必知应会。

汽车的基本组成主要有发动机、底盘、车身和电气四个部分。

汽车的制造工艺分为冲压、焊装、涂装和总装四大工艺,如图1-1所示。

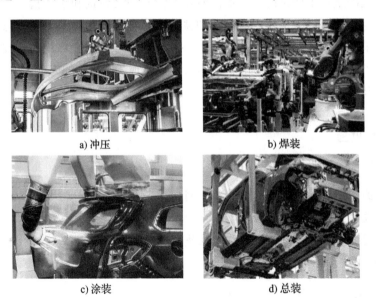

图1-1 汽车制造四大工艺

①冲压工艺:将板件按照设计要求,使用模具冲压成形。

②焊装工艺:按照设计要求,将各板件焊接成白车身。

③涂装工艺:对白车身进行前处理、底涂及面涂。

④总装工艺:将全部总成件与内外饰件装配到车身上形成整车,再经过各项性能指标的测试。

发动机部分主要由机体、曲柄连杆机构、配气机构、燃料供给系统、冷却系统、润滑系统、点火系统、起动系统等组成，通过气缸体内的燃料燃烧形成的压力带动曲轴转动而产生转矩，再经由变速机构转化为驱动力。

底盘部分主要由动力传动系统、行驶系统、转向系统和制动装置组成。它的功能是接收发动机的动力，使汽车行驶。

车身部分是装载乘客和货物的载体，并且提供避风挡雨的地方。根据车体的结构类型，主要分为承载式车身、半承载式车身和非承载式车身。非承载式车身有坚固的框架，车架独立，底盘强度高，抗碰撞性能好。此外，即使四个轮子负载不均匀，它们也由独立车架承载，不会传递到车身。承载式车身没有刚性车架，车体和底盘共同构成车体的刚性空间结构，它具有抗弯、抗扭力强、质量轻、高度低、装配简单、高速行驶稳定性好、整体安全性好等优点，但强度不如非承载式车身。

电气部分主要由蓄电池、电源管理系统、发动机起动系统和点火系统、汽车照明和信号装置以及车载电气设备组成。

汽车销售中所涉及的相关参数与参数说明见表1-1。

表1-1 汽车销售中所涉及的相关参数

序号	技术参数	参数说明
1	排气量	排气量是指发动机气缸的活塞从上止点至下止点所排出气体的体积。排气量的大小取决于缸径和活塞行程
2	发动机功率	发动机单位时间内所做的功叫作发动机功率，通常是反映发动机做功的快慢，一般用马力或千瓦表示大小
3	最大功率	是指发动机所能实现的最大功率。常用最大功率来描述汽车的动力性能。最大功率一般用马力或千瓦（kW）来表示，1马力=0.735kW。发动机的最大功率较标准降低25%以上时，应进行大修
4	最大转矩	转矩是指发动机运转时从曲轴端输出的平均力矩，转矩越大，发动机输出的功率越大，曲轴转速的变化也越快，汽车的爬坡能力和加速性也越好。发动机最大转矩是指发动机在最大功率运行时提供的曲轴扭转力矩。最大转矩一般出现在发动机的中、低转速的范围，随着转速的提高，转矩反而会下降。转矩的单位是牛顿·米（N·m）
5	压缩比	指气缸总容积和燃烧室容积的比率，表示活塞到达上止点时混合气压缩的程度。通常车用汽油机的压缩比约在8~12之间，车用柴油机的压缩比约在12~22之间，压缩比大表示发动机高功率、大转矩、低油耗，但压缩比过大易产生爆燃，并且对汽油的清洁度要求也越高
6	行程	活塞在气缸中往复运动时，从气缸的一端到另一端的长度叫作一个"行程"
7	油耗（L/100km）	汽车在道路上行驶时每百公里平均燃料消耗量

(续)

序号	技术参数	参数说明
8	加速时间	是指汽车的加速性能,包括汽车的原地起步加速时间和超车加速时间。加速时间越短,汽车的加速性能和动力性能越好。汽车加速性能与整车悬架系统、车身构造、全轮控制系统、发动机的排量、发动机的性能都有直接的关系
9	风阻系数(Cd)	汽车在行驶中由于空气阻力的作用,围绕着汽车重心同时产生纵向、侧向和垂直三个方向的空气动力量,其中纵向空气动力量是最大的空气阻力,大约占整体空气阻力的80%以上,风阻系数值是由风洞测试得出来的。一辆车的空气阻力系数是固定的,根据空气阻力系数可以算出风阻,风阻影响油耗,风阻越低,油耗越低,反之风阻越高,油耗越高
10	制动性能	汽车的制动性能是指汽车行驶时能在短时间内停车且维持行驶方向稳定性和在下长坡时能维持一定车速的能力
11	安全性	汽车在行驶中避免事故,保障行人和乘员安全的性能,一般分为主动安全性、被动安全性、事故后安全性和生态安全性
12	接近角	汽车前端突出点向前轮引的切线与地面的夹角
13	离去角	汽车后端突出点向后轮引的切线与地面的夹角
14	转弯半径	汽车转向时,汽车外侧转向轮的中心平面在车辆支承平面上的轨迹圆半径。转向盘转到极限位置时的转弯半径为最小转弯半径
15	车轮数和驱动轮数($n×m$)	车轮数以轮毂数为计量依据,n代表汽车的车轮总数,m代表驱动轮数
16	最高车速	汽车在平直道路上行驶时能达到的最大速度
17	最大爬坡度	汽车满载时的最大爬坡能力
18	整车装备质量	汽车完全装备好的质量,包括润滑油、燃料、随车工具、备胎等所有装置的质量

汽车销售中所涉及的相关技术名词术语与技术说明见表1-2。

表1-2 汽车销售中所涉及的相关技术说明

序号	技术术语	技术说明
1	涡轮增压	涡轮增压的主要作用是在不提高发动机排量的基础上,提高发动机进气量,从而提高发动机的功率和转矩
2	汽车安全系统	1) 主动安全:事故前启动的安全装置,为预防汽车发生事故、避免人员受到伤害而采取的安全设计。如TCS、ABS、AWD、风窗玻璃、后视镜、高位制动灯、除雾、雾灯、前照灯自动照明、夜视仪等 2) 被动安全:事故后启动的安全装置,为避免或减轻人员在车祸中受到伤害而采取的安全设计,如安全带、安全气囊、能量吸收式车架、侧门防撞杆等

(续)

序号	技术术语	技术说明
3	悬架系统	在车轮上借助于弹簧使车身浮动的装置,它是由很多弹性元件构成的可动装置。非独立悬架结构简单,成本低,弹簧回弹力量大,不利于乘坐舒适性及操纵稳定性,主要适用于大的客车及货车。独立悬架结构复杂,造价高,弹簧回弹力量小,乘坐舒适性和操纵稳定性较好,用于轿车
4	制动装置	汽车制动装置是按照行驶需要使汽车在最短的距离内停车,使汽车在保证行驶安全的前提下尽量发挥出高速行驶性能的装置。一般分为盘式制动与鼓式制动两种
5	防抱死制动系统(ABS)	根据传感器侦测到的各车轮转速,由计算机计算出当时的车轮滑移率,判断车轮是否已抱死,再命令执行机构调整制动压力,使车轮处于理想的制动状态
6	电子制动力分配系统(EBD)	在汽车制动的瞬间,分别对四个轮胎附着的不同地面进行感应、计算,得出摩擦力数值,根据各轮摩擦力数值的不同分配相应的制动力,避免因各轮制动力不同而导致的打滑、倾斜和侧翻等危险。EBD必须配合ABS使用
7	紧急制动辅助系统(EBA)	利用传感器感应驾驶人对制动踏板踩踏的力度与速度大小,通过计算机判断驾驶人此次制动意图。如果属于非常紧急的制动,EBA此时就会指示制动系统产生更高的油压使ABS发挥作用,从而使制动力快速产生,缩短制动距离。而对于正常情况制动,EBA则会通过判断不予启动ABS。EBA可以有效防止常见的意外"追尾"
8	牵引力控制系统(TCS)	TCS的作用是使汽车在各种行驶状况下都能获得最佳的牵引力。汽车在光滑路面制动时,车轮会打滑,甚至使方向失控。同样,汽车在起步或急加速时,驱动轮也有可能打滑,在冰雪等光滑路面上还会使方向失控而发生危险。TCS依靠电子传感器探测到从动轮速度低于驱动轮时,就会发出一个信号,调节点火时间、减小气门开度、降档或制动车轮,从而使车轮不再打滑。牵引力控制系统的控制装置是一台计算机,利用计算机检测4个车轮的速度和转向盘转向角,当汽车加速时,如果检测到驱动轮和非驱动轮转速差过大,计算机立即判断驱动力过大,发出指令信号减少发动机的供油量,降低驱动力,从而减小驱动轮的滑转率。计算机通过转向盘转角传感器掌握驾驶人的转向意图,然后利用左右车轮速度传感器检测左右车轮速度差;从而判断汽车转向程度是否和驾驶人的转向意图一致。如果检测出汽车转向不足(或过度转向),计算机立即判断驱动轮的驱动力过大,发出指令降低驱动力,以便实现驾驶人的转向意图
9	电子稳定系统(ESP)	ESP也是一种牵引力控制系统,与TCS相比,ESP不但控制驱动轮,而且控制从动轮。它通过主动干预危险信号来实现车辆平稳行驶。如后轮驱动汽车常出现的转向过多情况,此时后轮失控而甩尾,ESP便会放慢外侧的前轮来稳定车辆;在转向过少时,为了校正循迹方向,ESP则会放慢内后轮,从而校正行驶方向
10	安全气囊(SRS)	SRS是指在碰撞前的瞬时,使气囊迅速膨胀保护乘员的装置。它对碰撞的受力和接触面积都有严格的要求,一般在40km/h以上的正面撞击,以及车辆中心左右各约30°角的侧面撞击时,才会感应产生作用。工作原理是当撞击感知器检测到撞击时,相关控制系统会判断撞车程度决定是否触发充气装置。由于汽车撞击过程时间非常短,一般气囊从触发到完成充气再到泄气过程约25~35ms,以防止引起二次伤害

(续)

序号	技术术语	技术说明
11	定速巡航系统（CCS）	CCS 又称为定速巡航行驶装置、自适应巡航等。定速巡航用于控制汽车的定速行驶，汽车一旦被设定为巡航状态时，发动机的供油量便由电子控制单元（ECU）控制，电子控制单元（ECU）会根据道路状况和汽车的行驶阻力不断地调整供油量，使汽车始终保持在所设定的车速行驶，而无须操纵加速踏板。采用了这种装置，当在高速公路上长时间行车时，减轻了驾驶人的疲劳，同时减少了不必要的车速变化，可以节省燃料
12	全球定位系统（GPS）	GPS 是以全球定位人造卫星做基础，向全球各地全天候地提供三维位置、三维速度等信息的一种无线电导航和定位系统。GPS 的定位原理是，用户接收卫星发射的信号，从中获取卫星与用户之间的距离、时钟校正和大气校正等参数，通过数据处理确定用户的位置
13	预紧式安全带	预紧式安全带是汽车安全带的一种，与其他安全带不同的是在预紧式安全带上增加了预张紧器。预张紧器在碰撞时可以感知一定的冲击，是通过气体发生剂等产生动作，瞬间拉紧安全带的装置。预紧式安全带功能是当车速发生急剧变化时，能够在 0.1s 左右加强对乘员的约束力，将乘员固定在座位上，最大限度地降低伤害
14	侧门防撞梁	它也称为车身侧面车门防撞保险杠，是指在车门内部结构中加上横梁（从外面看不到），用以加强车辆侧面的结构，进而提高侧面撞击时的防撞抵抗力，以提升侧面的安全。当汽车受到侧面撞击时，车门很容易受到冲击而变形，直接伤害到车内乘员。为了提高汽车的安全性能，就在汽车两侧门夹层中间放置一两根非常坚固的钢梁。当侧门受到撞击时，坚固的防撞杆能大大减轻侧门的变形程度，从而能减少汽车撞击对车内乘员的伤害
15	动力总成控制模块（PCM）	PCM 主要功能是处理传感器信号，调整点火时刻及喷油量，保证发动机与变速器处于最佳工作状态
16	氙气前照灯（HID）	HID 即气体放电式前照灯，它是用氙气替代钨丝，采用高压电流激活氙气而形成一束电弧光，可在两电极之间持续放电发光。寿命可达 2500～3000h，而钨丝的寿命仅在 250h 左右。普通汽车灯泡的功率为 65W 左右，而氙气灯仅需 35W。氙灯的色温在 4000～6000K 之间，远远高于普通灯泡。它亮度高，光色为白色，由于色温较高，视觉效果已接近蓝色。因其色温高、穿透力强，可以提高夜间的行车安全性
17	LED 灯	LED 灯主要部件是由发光二极管组成，发光二极管是一种固态的半导体器件，它可以直接把电转化为光，比普通灯泡亮、节能、寿命长、响应时间短
18	防眩目后视镜	防眩目后视镜由一面特殊镜子和两个光电二极管及电子控制器组成，可分为手动防眩目后视镜和自动防眩目后视镜。电子控制器接收光电二极管送来的前射光和后射光信号，安装在车厢前风窗玻璃下面。如果灯光照射在车内后视镜上，如后面灯光大于前面灯光，电子控制器将输出一个电压到导电层上。导电层上的电压改变镜面电化层颜色，电压越高，电化层颜色越深。此时即使再强的照射光照到后视镜上，驾驶人也不会眩目

(续)

序号	技术术语	技术说明
19	智能空调	智能空调系统能根据外界气候条件,按照预先设定的指标对安装在车内的温度、湿度、空气清洁度传感器所传来的信号进行分析、判断,自动改变鼓风机的转速、空压机的转速以及冷暖风出口的方向,及时自动启动制冷、加热、去湿及空气净化等功能
20	汽车保养的五油三液四压	五油是指汽油、发动机机油、变速器油、制动油、动力辅助液压油。 三液是指冷却液、蓄电池电解液、风窗玻璃清洗液。 四压是指油压、电压、胎压、气压

1.1.2 汽车销售顾问职业要求

? 什么是汽车销售顾问?

　　汽车销售顾问的工作包括潜在客户开发、客户接待、汽车消费咨询、汽车购物指导,要求精通消费者心理、营销技巧、礼仪知识,了解汽车专业知识、计算机知识,能够对工作进行分析和总结。汽车销售实质上是汽车销售顾问和客户之间的沟通过程,对于汽车产品而言,大多数消费者对汽车缺乏了解,必须全方面地介绍汽车的所有技术指标、操作方法和功能,做好汽车导购工作,全心全意为客户服务,消除客户顾虑。因此应从客户的需要出发,站在客户的立场和角度凭借专业的知识和技能为客户提供专业的建议和解决方案,使客户得到最完善的服务和最满意的产品。

　　汽车销售顾问与其他销售工作不同,不仅仅是把产品卖出去,还需要一个科学的流程,以客户需求为中心,既遵循"标准流程"又不被"标准流程"所束缚,灵活应对每一位客户,有条不紊地去接待客户,并且要根据客户的需求来帮助客户完成购买,不断地提高汽车终端销量。汽车销售的流程如图1-2所示。

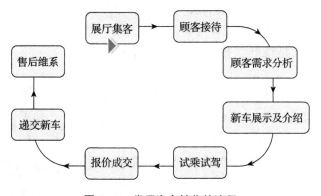

图1-2 常用汽车销售的流程

　　另外,汽车是高科技产品,对汽车销售顾问的自身要求也比较高,不仅需要专业知识,还需要高水平的综合素质。汽车销售人员对于成功的决心和信心很重要,销售人员会遇到各种困难和挫折，最好的销售人员的成功销售率也只能达到20%，如果没有坚定的信念，销售人员将无法忍受失败的打击。要时刻保持热情，热情可以使销售人员在工作中更加乐观、勤奋、积极，充满希望；热情可以鼓励销售人员更好更快乐地完成工作，保持精力充沛，最重要的是能够感染客户，有助于销售成功。

作为一个汽车销售顾问，应该把热情变成一种习惯，而不仅仅是一时的热情。汽车销售人员应该能够从客户的角度思考，想客户所想。如果没有考虑到客户的感受，客户就会觉得销售人员不重视他，就很难赢得客户的信任。在解决客户问题时，我们应该从客户的利益出发，了解客户，充分考虑客户的需求，保护客户的利益，获得客户的认可和赏识才能提高客户满意度与客户信赖。在客户面前，汽车销售顾问应该谦虚、诚实、可信，才能赢得客户的信任，诚实守信是对销售人员的基本要求和汽车销售顾问的必要条件之一。销售人员的不诚实行为会直接导致客户对经销商的不信任，进而导致对汽车品牌的不信任。因此，销售人员在介绍商品的过程中必须客观，不要夸大其词，不要恶意贬低竞争对手，也不能为了方便交易而欺骗客户。

做好汽车销售工作除了参加必要的销售技能培训外，销售人员要想提高营业额，还要做好客户跟踪和维护工作，必须勤于思考，善于总结。经常总结和反思工作中的得失和经验，把学到的知识运用到工作中，善于观察和分析，了解客户的真实需求，通过仔细观察优秀的销售人员的工作方法来改进自己的工作。汽车销售人员必须不断开拓新的业务，走出展厅寻找更多的销售机会。作为与客户直接接触的汽车经销商的销售顾问，语言和行为都是代表专业的形象，销售过程的任何细节都会影响客户的购买决策。

1.1.3 汽车销售服务礼仪

> 礼仪是非常重要的交际技能，作为汽车销售人员应当注意哪些礼仪要点？

礼仪是一种非常重要的交际技能，是个人内在修养的外在表现。礼仪是指在人际交往中，从始至终，以一定的、习惯的方式进行完全的律己行为和尊重行为。"礼"是一种道德准则，即尊重。"仪"是一种尊重他人的形式，也就是谈吐、神态、表情、待人接物之道。

汽车4S店的前台接待处或办公空间是面向客户的窗口，员工的整体工作质量和职业形象非常重要，员工礼仪能够反映4S店形象和4S店的企业文化（图1-3）。

在当今日益激烈的竞争中，商务礼仪已经从简单的习惯礼仪和规范，演变为满足客户并让客户感到舒适的行为规范。对于销售顾问来说，礼仪不仅代表了销售顾问专业人员的个人形象，而且影响着客户对经销商的第一印象，甚至影响着客户对汽车制造商的第一印象。形成第一印象

图1-3 销售顾问礼仪晨检

的时间大约是7~10s，客户看到店里第一位员工时留下的印象将影响到客户对经销商的印象。不同的表情，不同的着装，不同的眼神，给人不同的感受，形成不同的印象。

接待礼仪需要贯穿于销售的全过程，能帮助销售顾问区分不同客户的需求，使他们在与客户沟通时更加顺利。良好的汽车服务礼仪和销售礼仪是汽车销售4S店的核心竞争力，可以使销售业绩翻番。具体的接待礼仪如下：

1. 仪容

员工的头发、眼睛、耳朵、口腔、指甲等必须保持清洁。男士的发型不应太长或太短，不能剃光头、留长发，前发不遮眉毛，侧发不遮耳朵，后发不超过上衣领。指甲要经常修剪，不要留长指甲，男员工要每天刮胡子。女员工要求头发保持干净整洁，刘海不要遮住眼睛，不要披头散发，发型不要夸张，不要戴华丽的头饰，不要卷、烫、染怪异风格发型或颜色，不要涂异色唇膏、眼影，眉毛、睫毛或指甲着色应正常。在工作场所不要戴太阳镜或有色眼镜。

2. 形象

上班前不要喝酒或吃洋葱、大蒜等有刺鼻气味的食物。

女性员工上班时应化妆，以保持简单自然的外观，但不要化浓妆或异妆。面部表情应该友好和真诚，眼睛应该明亮、温暖，面对客户时都必须微笑并打招呼。

3. 着装

工作人员应穿制服、衬衫配领带，仪表整洁，并佩戴工作牌，不要敞开西服。工作时间不得戴项链或其他首饰。商务人士的着装必须与其所在单位的形象和从事的具体工作相称，衣服应该干净、整洁，不应该有皱纹或异味，衣服、领口、袖口等的表面不应该有任何污点、损坏，扣子齐全，袖口的长度应到手腕，衬衫袖口应紧固。衬衫的扣子必须扣紧，衬衫的下摆应该放在裤子里。

4. 领带

领带佩戴要端庄整洁，不应该皱褶。质地、款式和颜色应与服装相匹配，还应该与年龄、身份和经销商形象相一致，不应该过于华丽和耀眼。除了领带夹，领带不带任何装饰。

5. 鞋袜

员工必须保持鞋子干净明亮，不得有泥污，不钉铁掌，鞋跟不要太高、太厚和怪异。袜子必须是干净的，没有气味，不能露出脚毛。

6. 微笑

汽车4S店员工在生活和工作中应该经常微笑并时刻保持。当你微笑的时候，你应该把鼻子和眉毛的肌肉结合起来，做出真正的微笑。发自内心的微笑会自然地调动人的面部特征，使眼睛稍微斜视，眉毛上升，鼻子张开，面部肌肉聚集，嘴角向上。

7. 站姿与走路

汽车4S店工作人员在展厅内遇急事可快步行走，但切忌跑步。遇到客户或上司相对而行，应靠在一侧行走。同向行走不要超过对方，如需超越，先打招呼。二人并行以右为上，三人并行中间为上，如果接待众多客户，保持在客户左前方2~3步的距离。汽车4S店销售人员的站姿与走路正确姿势如图1-4所示。

图1-4　站姿与走路的正确姿势

8. 蹲姿

下蹲的时候，必须快速、美丽和大方。如果用右手拿东西，可以先到东西的左边，然后右脚往回走半步，再蹲下来。保持背部挺直，臀部必须蹲下以避免弯曲背部。男士的两条腿之间应该有适当的间隙，女士的两条腿要并紧。穿旗袍或短裙时，要注意避免尴尬。女士正确的下蹲姿势如图1-5所示。

交叉型蹲姿：蹲下时，右脚在前面，左脚在后面，右小腿垂直于地面，整个右脚落在地面上。左膝从背部向右伸展，左脚后跟抬起，脚掌接触地面。腿靠在一起，支撑着身体。臀部向下，上身向前倾斜。

高低型蹲姿：蹲下时，左脚在前面，右脚在后面，双腿彼此靠近。左脚全脚着地，小腿基本垂直于地面，右脚跟抬起，脚掌着地。右膝低于右膝，右膝内侧置于左小腿内侧，形成左膝高、右膝低、臀部向下、身体基本由右腿支撑的姿势。

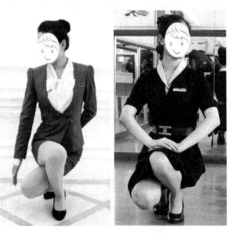

a）交叉型　　b）高低型

图1-5　女士正确的下蹲姿势

9. 坐姿

如果汽车4S店销售人员拜访客户，不要太随便，因为这会让客户觉得不友好、不礼貌。坐下后，要立腰挺胸，可适当前倾，不要到处张望。膝关节自然紧密地连接在一起，腿不应该分开，双脚应该平放在地上，不要摇晃，也不要跷腿，否则会显得粗俗和傲慢。和客户谈话时，不要把胳膊抟在胸前向后靠。起坐要端庄稳重，避免摔跤或者撞到桌子和椅子。4S店销售人员的站姿和坐姿规范如图1-6所示。

图1-6　4S店销售人员的站姿和坐姿规范

10. 握手

男士之间或者女士之间握手的时间和握手的力度都比较随意，然而，如果和异性握手，或者和老年人、贵宾握手，必须遵守特定的礼仪规则。握手的强度、姿势和时长往往能反映出握手的礼仪和态度。握手的时间应该适当且因人而异。第一次见面握手不要太长，握手的强度应该适当，你可以紧紧握住以示热情，但不要太用力。男人握女士的手应该更轻，握住整个手是不明智的，应当只是握住手指。握手后，不要用纸巾搓手，也不要戴着手套握手。不要握住异性的手久久不放。

11. 交谈

4S店员工应积极地问候客户，并微笑着与客户交谈。音量适中，音调柔和，多用敬语以表示尊敬和礼貌。在谈话中注意话题的选择，不要提及太私人的话题。注意理解，尽量让对方多说，要能够在交谈中发现对方的兴趣爱好。合适的通话距离约为1.2m，可以配备适当的肢体语言，但不要过多，动作也不要太大。谈话中的姿势可以反映一个人的性格、修养和素质。谈话时，双方要面向对方，倾听对方说话时，不能四处张望，疲惫不堪，打哈欠。否则，就会给人一种心不在焉、傲慢无礼的印象。

应该能够在谈话中做到：

①眼到：两只眼睛要平视对方以示尊重。

②口到：交谈内容要符合对方的实际情况，清晰地表达心中的想法，准确把握对方话题的倾向，做出合理的回应。

③意到：说话的含义清晰，态度平和，友好，意会别人的意思反应要迅速准确。

说话时要注意：

①不要在公共场合大声喧哗、高谈阔论，应该考虑周围的人的谈话和想法。

②不要喋喋不休地谈论别人一无所知和不感兴趣的事情。

③避免谈论疾病、死亡、灾难等不愉快的事情，以免影响情绪和气氛。

④不要问太多私人问题，比如问别人的家庭状况、个人背景，尤其是女士的年龄、是否结婚等，这是非常粗鲁的行为。

⑤不要当面责备，更不要冷嘲热讽。

⑥不要出言不逊、恶语伤人。

⑦不要自高自大，自以为是，傲慢无理。

⑧说话时不要左顾右盼，注意力应集中。

⑨说话时不要手舞足蹈。

⑩说话前避免吃洋葱和大蒜等有刺鼻气味的食物。

12. 接听电话

在接听电话时，正确的接听电话姿势如图1-7所示，左手拿电话，右手执笔记录，具体要求如下：

①及时接听电话，铃响三遍之内必须接通，先打招呼，如果接听电话迟滞，要道歉，说"让您久等了"。

②若为外部电话必须报经销商名称，转接内部电话必须报部门名称和自己的姓名。在通话过程中，尽量避免恼人的表情和语气。

③仔细倾听对方的讲话，对方没有说完话时，不要打断对方。如果有必要打断，应该先说"对不起"。

图1-7 正确的接听电话姿势

④如果接电话时有人过来，应该点头示意。如果需要和某人谈话，应该说"请稍等"，然后用手捂着话筒，小声说话。

⑤通话后，等对方挂断后再挂断电话，轻轻放下话筒。留言或通知要立即执行，并填写"留言单"，以口头传达或以便条传递。

⑥若要转接电话，你必须先确认同事在办公室，然后说"请稍等"。

⑦如果同事不在，必须询问是否需要留言或回电，并做详细的电话记录。同事回来后，立即传达并催促回电。

⑧谈话结束时，要感谢对方，别忘了说"再见"。如果对方要找的人不在，应该问对方是否想留言还是告诉你。

⑨电话机旁应备有纸、笔，可供随时记录。按Who、When、Where、Why、What、How询问记录。应该随时记录电话的内容，记录完毕，要将内容复述，记录要准确全面，尤其要

写下人名、地点、日期和数字，避免不必要的信息错误。

⑩如果谈话中有事情要处理，应礼貌地通知对方，以免误解。未讲清的事情要再约时间并履行诺言。

13. 引导客户

当引导客户到座位旁时，轻轻地把椅子拉开，单手引导示意客户就座。遵循妇女优先、老年人优先的原则。一般的座位安排适合坐在客户的左边。上下楼梯，走在楼梯的右边。不要同客户并肩行走。当客户上楼梯时，应提示客户到楼层左转还是右转。当客户下楼时，应提醒客户注意脚下。当进入办公室前，应该先为客户打开办公室门。开门时，用手按与门把手相同的方向为使用者开门，避免反手开门。正确引导客户的姿势如图1-8所示。

图1-8 引导客户姿势

14. 递送名片

注意不要把名片和钱包、笔记本计算机等放在一起，保持名片或名片夹干净、平整。接受名片时，必须双手拿起来。不可来回摆弄，不要将对方的名片遗忘在座位上，或存放时不注意落在地上。在递送名片时，名片的正面应对着对方，名字向着客户，最好拿名片的下端，让客户容易接收，并可以迅速阅读名片上的信息。保持中等速度，不要太快；双手并用，把名片的角落从胸口自然移到另一边，这样客户收到名片时就会感觉到对他的尊重。注意：不要把名片放在裤子后面的袋子里，应该放在左胸的位置；不要把名片当作传单分发。

15. 递送饮料

在给客户递送饮料或茶点时，要首先告知客户可选择的饮料品种，并询问客户的需求。饮料不宜装得太满，使用托盘递送饮料，托盘的高度至胸前为宜，手指不要碰到杯沿。客户众多时应按逆时针方向将饮料放于客户右手边。随时注意客户饮料是否需要添加，但不要在交谈的关键时刻添加饮料。

16. 递送资料

在向客户递送资料时，资料正面对着接受人，用双手递送，并对资料内容进行简单说明。如果是在桌上，切忌将资料推到客户面前。如果有必要，帮助客户找到其关心的页面，并作引导。可以说："这是×××资料，请您过目。""我现在就您关心的内容给您做个介绍，您看可以吗？"

17. 送别客户

在送别客户时，握手致意，感谢光临，并欢迎再次来店。提醒客户不要遗忘物品。送至展厅外，如客户开车前来要送至车前，为客户打开车门。告知客户离去的路线。微笑、挥手送别，直到客户消失在视线之外。

18. 车辆乘坐

用右手为对方打开车门，左手放于门楣下端，以免对方进入车子时头部碰撞。对方进入车内并确认坐好后，轻轻关闭车门，不可用力过大。从车前绕过，进入驾驶位。提醒对方系好安全带。停稳车后，从车前端绕至客户座位边，轻轻打开车门，将手悬于客户头部上方，避免客户头部碰撞。待客户下车后，轻轻关闭车门。

1.2 实践训练

	实训任务	销售礼仪实战
	实训准备	可上网的计算机、白板笔、白板纸、移动白板
	训练目标	掌握汽车4S店工作中常见礼仪中站姿、坐姿、走姿、蹲姿等基本动作规范 掌握与客户接触的接待基本礼仪相关技巧，例如，目光礼仪、微笑礼仪、握手礼仪、名片礼仪、寒暄礼仪、介绍礼仪、引领礼仪、距离礼仪等
	训练时间	90min
	注意事项	每位同学都应当积极发言，能够在讲台上清晰地回答出老师提出的问题

任务 销售礼仪实战

任务说明

模拟汽车4S店的日常工作礼仪中的站姿、坐姿、走姿、蹲姿的基本仪容仪态的标准动作进行训练。

实训组织与安排

教师活动	• 将学生分成4~6组，按照方队的站位方式排队，依次进行站姿、坐姿、走姿、蹲姿、微笑、引导等身体姿势规范动作的练习 • 将学生排成两队，每队按照排队的位置顺序依次各选一人与另一组的同学进行对练，对练的内容包括微笑礼仪、握手礼仪、名片礼仪、寒暄礼仪、介绍礼仪、引领礼仪、距离礼仪等
学生活动	• 按照任务中的要求填写出要求完成的内容，小组合作讨论出本组的策划方案并采用思维导图方法分析方案的可行性 • 积极参加老师的实训安排，在规定的时间内完成各个工作站点的任务。一个站点的任务完成后与下一小组交换任务 • 组员之间应能积极沟通交流学习心得与经验，互帮互助

任务操作

序号	训练项目	请写下训练项目的要领	总结记录
1	站姿礼仪		
2	坐姿礼仪		
3	走姿礼仪		
4	蹲姿礼仪		
5	微笑礼仪		
6	引导礼仪		
7	名片礼仪		

1.3 探讨验证

教师活动	• 组织学生对演练结果进行汇总，形成报告让学生在讲台上对小组成果进行展示与总结。再针对深层问题，引导学生进行问题探讨
学生活动	• 在课堂上积极回答老师的提问与问题讨论，将小组完成的调研报告对大家进行讲解，并完成老师提出的问题探讨

在掌握了站姿礼仪、坐姿礼仪、走姿礼仪、蹲姿礼仪、微笑礼仪、引导礼仪、名片礼仪之后进行寒暄礼仪、介绍礼仪、引领礼仪、距离礼仪的双人对练

寒暄礼仪	
距离礼仪	

1.4 项目小结

本项目的学习目标你已经达成了吗？请通过思考以下问题的答案进行结果检验。

序号	问题	自检结果
1	什么是汽车销售顾问？	
2	汽车销售顾问需要掌握哪些知识？	
3	汽车的基本组成主要有哪几个部分？	
4	汽车的制造工艺有哪四大工艺？	
5	汽车销售的流程有哪些？	
6	汽车销售顾问的基本要求有哪些？	
7	什么是礼仪？	
8	在与人接触时需要注意哪些工作礼仪？	
9	在和客户交谈时要注意哪些问题？	
10	在就坐时需要注意哪些问题？	

项目练习

单项选择题：

1. 汽车的制造工艺分为（　　）四大工艺。
   A. 冲压、焊装、调试、总装　　　　B. 冲压、焊装、总装、路试
   C. 冲压、焊装、涂装、总装　　　　D. 冲压、焊装、分装、总装

2. 汽车的基本组成主要有（　　）四个部分。
   A. 发动机、底盘、车身、电气　　　B. 发动机、变速器、车身、电气
   C. 发动机、底盘、车身、灯光　　　D. 发动机、底盘、变速器、电气

3. 底盘部分主要由（　　）组成。它的功能是接收发动机的动力，使汽车行驶。
   A. 发动机、行驶系统、转向系统和制动装置
   B. 车身、行驶系统、转向系统和制动装置
   C. 动力传动系统、行驶系统、转向系统和制动装置
   D. 动力传动系统、行驶系统、转向系统和助力装置

4. 整车装备质量包括（　　）等所有装置的质量。
   A. 发动机、底盘、车身、电气
   B. 润滑油、燃料、随车工具、备胎
   C. 动力传动系统、行驶系统、转向系统和制动装置
   D. 润滑油、燃料、汽车的总质量、备胎

5. 男女握手的标准是（　　）。
   A. 握手的时间和握手的力度都比较随意
   B. 握手的时间要长和握手的力度要大一点
   C. 拉个手指头
   D. 以上都不对

问答题：

汽车车身的作用是什么？

思考与讨论：

1. 什么是汽车安全性指标？汽车安全包括哪几个方面？

2. 汽车销售顾问的基本要求有哪些？

项目二　客户沟通与销售技巧

学习目标

完成本项目的学习后，能够达到以下目标：

- 掌握客户特征与类型
- 学会与客户沟通技巧
- 掌握新车销售方法

2.1　基础知识学习

本章重点学习与客户沟通及汽车销售的技巧，在汽车销售的工作中，接触的客户对象不同，其购车的真正需求点与目的都不同。了解不同阶段的人群的特征和属性，作为销售顾问，既要懂得说话技巧和与客户沟通的技巧，还要学会灵活运用汽车销售的处理技巧。

教师准备

教师在正式授课之前，应当做好如下准备：

- 准备上课的教学课件与辅助教学资料，制定学习任务与课前任务并下派到每一个学习小组，要求学生做好课前预习
- 对教学课堂的阶段进展与教学实施方法进行设计，建议采用工作站教学法，准备好工作页，每个小组轮换完成学习

学生准备

学生在正式上课之前，应当做好如下准备：

- 在课前预习老师安排的教学内容，完成老师安排的学习准备
- 准备好需要向老师提出的本项目范围内的问题

2.1.1 客户类型与特征分析

> 来买车的客户通常有哪些类型和特征？

1. CRM 客户分析

在销售工作中，CRM 客户管理系统是一套先进的管理模式，集成了先进的技术与工具，是实施客户管理工作中必不可少的管理平台。其技术架构基于网络、通讯、计算机等技术，可实现不同职能部门的无缝连接，并可协助管理者更好地识别和维护有价值的客户。

不同生活阶段的消费者行为偏好和兴趣的差异，会影响品牌的目标受众分析和市场痛点挖掘。因此，了解不同阶段的人群的特征和属性，对于品牌的精确营销，抓住机遇，赢得市场起着重要作用。通过客户分析，企业可以利用收集到的信息来跟踪和分析每个客户的特点，不仅知道什么样的客户有什么样的需求，而且可以观察和分析客户行为对经销商收入的影响，从而优化经销商与客户的关系和企业利润。

使用 CRM 客户分析系统，企业不再仅仅依靠经验进行推测，而是使用科学的方法来收集、分析和利用各种客户信息，从而容易地获得有价值的信息。例如，经销商的哪些产品最受欢迎、什么原因，哪些是回头客户，哪些是最有利可图的客户，售后服务存在哪些问题。客户分析将帮助企业在新经济时代充分利用客户关系资源。有的企业对客户的分析方法比较简单，不够系统和完善。

不同企业的发展存在一定的不平衡性，采用简单的统计模型得出的结论容易产生较大的误差，难以满足企业的特殊需求。因此，企业需要更完整、更合理的客户分析程序，以进一步提高客户分析的合理性和一致性，为潜在客户的培育和发现提供更多的决策支持。例如，通过 CRM 客户管理系统中的客户分析可以很容易地分析客户与管理客户。CRM 系统中的客户分析可以包括以下六个方面：

（1）商业行为分析　通过分析客户的资金分布、交通状况和历史记录来分析客户的总体利用情况。分析不同地区、不同时间客户购买的不同类型产品的数量，了解当前市场营销体系的状况、各地区的市场状况、客户的经营情况。通过分析详细的交易数据，对经销商想要维护的客户进行细分，并将这些客户列表发布到各个分支机构，以确保这些客户能够享受最好的服务和利益。细分标准可以是诸如单位时间的消费次数、消费金额和结账周期之类的指标。通过分析详细的交易数据来确定客户是否准备结束业务关系，或者转向其他竞争者。我们的目标是评估那些被确认已经结束服务的客户，并找出他们为什么终止服务。对于那些即将结束服务周期或拥有良好信用的客户，或具有其他需求的客户进行分类以便于识别与管理。

（2）客户特征分析　根据客户的购买记录识别客户的价值并对客户进行分类。根据不同客户对不同产品的不同看法，以及不同新产品或服务推出时的不同态度，来判断客户对新事物的接受程度。

（3）客户忠诚度分析　客户忠诚度是基于客户对经销商的信任、回头率、服务效果、满意度以及继续接受来自同一企业的服务的可能性，根据具体指标进行综合评估。留住老客户比寻找新客户更经济，保持与客户的持续沟通接触，增强情感纽带是企业之间新的竞争手段，而巩固这种客户忠诚度的竞争是无形的。

（4）客户注意力分析　根据意见的类型、产品、日期、发生和解决问题的时间、销售代表和区域等各项指标，在一定时间内识别和分析客户意见，并指出哪些问题可以成功解决、哪些问题不能解决并分析原因。根据客户对产品、服务、咨询部门的咨询和解决的时间，分析客户并跟踪这些建议的执行情况。根据各个部门、产品和时间段，评估在一定时间内积极联系每个客户的客户数量，了解客户是否每周从多个单位获得信息。根据产品和区域，识别出一定时期内满意客户和不满意客户的特征。

（5）客户营销分析　为了对潜在趋势和销售数据模型有一个清晰的理解，需要对整个营销过程有一个全面的了解。

（6）客户收益率分析　通过分析每个客户的成本和收益，我们可以确定哪些客户为经销商带来利润。在 CRM 中，经销商的营销、服务和市场都围绕着客户。客户分析是成功实施 CRM 管理、帮助经销商最大化提升客户满意度、降低运营成本、提高运营效率的关键。

2. 客户类型与特征

随着物质条件的日益丰厚，用户对汽车的需求更加多样化，品牌需要更加复杂的市场细分和更精确的营销策略。在细分市场中，关注外观、性能和乘坐体验的用户数量不断增加，用户特征和行为偏好也不同。只有了解顾客，您才能针对性地介绍产品，才能投客户所好，销售才能成功。客户类型与特征分析模型如图 2 - 1 所示。

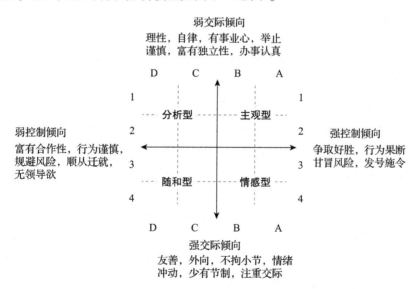

图 2 - 1　客户类型与特征分析模型

人的性格具有多面性，在与客户接触时应多感知客户的情绪，关注客户的逻辑，把握住客户的喜好是交流畅通的关键。用户常见特征主要有从容不迫型、优柔寡断型、自我吹嘘型、豪爽干脆型、喋喋不休型、沉默寡言型、吹毛求疵型、虚情假意型、冷淡傲慢型、情感冲动型、心怀怨恨型、圆滑难缠型等几种。

（1）从容不迫型　这种客户严肃冷静，遇事沉着，不容易受到外界事物和广告的影响。他们会仔细倾听销售人员的建议，有时会提出问题和他们自己的意见，但他们不会轻易做出购买决定。对于这样的客户，销售人员必须从产品特点入手，认真应用各种促销指导方法，多方分析、比较、论证、提示，使客户充分了解利益，从而获得对方的合理支持。在与这样的客户打交道时，只有经过对方的理性分析和思考，销售建议才能被客户接受。

（2）优柔寡断型　这类客户对是否购买犹豫不决，即使他们决定购买，也很难在价格和品牌之间做出选择。他们外表温和，但总是瞻前顾后。对于这样的客户，销售顾问必须首先不受对方的影响。在谈判时，避免急于成交。冷静地诱导客户表达疑虑，然后将问题解释清楚，并举出有效的例子以消除客户心理上的犹豫。在对方确实产生了购买欲望之后，销售顾问可以采取直接行动来促使对方做出决定。

（3）自我吹嘘型　这类客户喜欢夸大自己，有很强的虚荣心，总是在别人面前炫耀他们知识渊博，大声说话，拒绝接受别人的建议。与这些客户进行交流的关键是从他们熟悉的事物中寻找主题，并适当地利用请求的语气。面对这样的人，推销员最好做一个"忠实的听众"，为对方着想，表现出一种钦佩态度来满足对方的虚荣心，这样对方就更难拒绝销售顾问的推荐与购买建议。

（4）豪爽干脆型　这类客户大多是乐观开朗的，不喜欢拖泥带水，意志坚强，工作干脆奔放，一本正经，大方诚实，但往往缺乏耐心，容易感情用事，有时草率。在接待这类客户时，销售人员必须控制住火候。介绍产品时要干净利索，简洁明了，不必拐弯抹角。

（5）喋喋不休型　这种类型的客户喜欢根据自己的经验和主观意愿来判断事物，并且不容易接受别人的意见。如果销售人员不及时控制，就会使谈判变成聊天。因此，销售顾问必须有足够的耐心和控制能力。

（6）沉默寡言型　这种客户和喋喋不休的客户正好相反，虽然销售顾问的宣传和讲说很仔细，但客户反应很冷淡，并不谈起自己的想法，很难猜测其内心的感受。一般来说，沉默而精明的客户更理性，而且不容易激动。销售人员应避免过多地交谈，尽量使对方有机会发言，循循善诱，说明车辆的价值及销售利益，集中精力以合乎逻辑的方式说服客户。引导对方分析思考、判断比较，增强客户购买信心，引起对方购买欲望。对待这样的客户，销售人员要诚实稳重，特别注意谈话的态度和表达，努力给对方留下好的第一印象，提高在客户心目中的声誉。

（7）吹毛求疵型　这类客户怀疑心重，总是不信任销售人员。片面认为销售人员只会夸大汽车的优点，并尽可能地掩盖缺点和不足。因此，这些客户大多不容易接受别人的意见，但他们喜欢挑剔，唱反调，喜欢与销售人员辩论。对于这类客户要称赞对方独特的见解，释放他们的挑剔心理，然后转移到销售这个话题上。

（8）虚情假意型　这些客户大多表面上很友好，当销售顾问询问时，他肯定会回答，如果销售顾问明确要求购买，对方可能旁顾其他或者不作具体说明。与这样的客户打交道，销售人员必须首先获得对方的完全信任，应该有足够的耐心，同时，可以提供一些优惠条件供对方考虑。这种类型的客户总是认为销售人员会提高报价，因此他反复要求折扣，甚至怀疑产品的质量。此时,销售人员的正确做法是不能轻易同意对方的过度要求,否则会进一步动摇他的购买决心和购买欲望。一般来说,这些客户可以在适当的条件下协商交易。

(9)冷淡傲慢型 这类客户大多自满、不讲道理、轻视他人,不善于与他人互动。这些客户最大的特点就是他们具有坚韧不拔的精神,而且很固执。他们不容易接受别人的建议,但是一旦与他们建立了业务关系,他们就可以持续更长的时间。对于这种客户,有时在销售人员用尽了各种宣传技巧后,得到的仍然是冷漠、傲慢的态度,甚至坚决拒绝。销售人员必须事先做好心理准备。当这种情况发生时,销售人员可以采取激进的方法,并给予适当的反击来激发对方的购买兴趣和欲望,有时更容易成交。

(10)情感冲动型 情绪冲动的客户或多或少有点神经质,他们对事物的变化很敏感,常常对自己的态度和行为有不必要的担心,情绪表现也不够稳定,容易产生偏见。即使他们签了合同,也可能突然变卦。这些客户在受到外界的刺激时,倾向于感情用事,并不害怕后果,这样的客户是不稳定的和不可预测的。面对这样的客户,销售人员应采取果断措施,必要时提供强有力的说服证据,强调给对方带来的好处和便利。

(11)心怀怨恨型 这种类型的客户对销售活动不满意和怀有敌意,看到销售人员的主动服务,会不分青红皂白,不问真相,进行不合理的攻击,给销售人员造成一个尴尬的局面。这些客户的一些不满和抱怨可能是事实,但大多数问题是由不明确或误解引起的。还有一些是基于个人想象或判断对销售人员的恶意攻击。在处理此类客户时,销售人员应首先查明客户抱怨和投诉的原因,给予同情。

(12)圆滑难缠型 这种类型的客户是坚强和固执的,如果销售人员经验不足,很容易落入陷阱。经销商会主动降低售价或提供更有利的收盘条件,以防失去客户。对于这种圆滑而有经验的客户,销售人员必须事先洞悉客户自己的真实意图和购买动机,销售人员应再次强调购买的优势和产品的优势,双管齐下。

2.1.2 客户沟通技巧

? 汽车销售顾问与客户交流和沟通的技巧有哪些?

汽车销售顾问与客户交流和沟通是很常见的,每个客户对销售人员来说都是一次机会,把握机会,促成交易才是最终的目的。

有效与客户沟通流程如图2-2所示,熟练的沟通可以提高销售成功率,帮助销售人员获得更好的销售业绩。这就要求销售人员具有较强的沟通技巧,并将其应用到与客户的沟通中,使客户有一个愉快的沟通过程,并使用户认可自己的观点。汽车销售顾问在接待客户时必须有耐心,销售不能急于求成。要充分了解客户的需求和目的是什么。在人员沟通方面根据亲密程度划分不同的沟通距离,

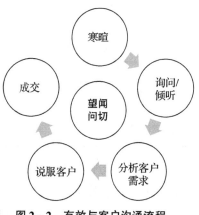

图2-2 有效与客户沟通流程

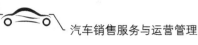

正常的人际交往通常可以保持 1m 左右的距离，要与客户保持一定的距离，不要跟随。有条不紊地介绍，耐心地消除客户的疑虑，使客户产生购买汽车的欲望。

1）望：观察客户，一眼就能识别客户的需求层次、素质、喜好等。

2）闻：听客户的叙述，必须给客户表白的时间，耐心地听，细心地听。

3）问：要想清楚、明确客户的需求，需要通过提问、回答反复深入地了解客户的真实想法，从而给出客户最需要的购买建议，完成销售。

4）切：实际考察客户的状况。

察言观色，并根据客户表现出来的神情调整沟通重点，包括说话的音调、肢体语言等。有些客户对他们想买的车型有详细的了解，对于这些客户，销售人员需要完全介绍他们想要购买的车型与汽车的特点。销售顾问介绍汽车的同时还要学会观察客户表情的细微变化，以便判断客户的喜好，根据客户的接受程度实时调整对车型讲解的深度。例如，当销售顾问介绍某种类型的车辆时，如果观察到客户皱眉或不耐烦的情绪，这意味着客户对这种类型的汽车不感兴趣，应该改为介绍别的车型。

当客户对某个车型感兴趣或者非常渴望听取销售人员的介绍时，销售人员应该把重点放在这个车型上，让客户对车型有更深入、更详细的了解，增强客户购买汽车的欲望。通过对客户的细微观察可以发现客户对各种型号汽车的喜好情况，并根据客户的喜好进行销售，以提高沟通的效率，这样，客户的购车成功率与销售业绩就会提升。

在与客户接触时，不要在现场给客户制造压力。要注意销售礼仪，穿着、谈吐、待人做事大方得体。要真诚地对待客户，销售服务过程没有隐瞒和欺骗。要能站在客户的角度，正确了解客户的需求。要能按客户的喜好介绍最合适的车型，帮助客户做好近似车型的客观比较，车辆交接后，要向客户介绍售后服务内容，介绍新车的使用注意事项，为客户提供上牌等一条龙服务。来访客户的类型与处理方法见表 2-1。

表 2-1 来访客户的类型与处理方法

序号	类型	特征	应对方法
1	虚情假意型	表里不一、言行不一致	耐心、优惠
2	豪爽干脆型	性格开朗、容易相处	耐心、风趣
3	从容不迫型	个性严肃、正直	严谨、勿随意
4	情感冲动型	异常敏感、易激动	言语谨慎、顺其自然
5	自我吹嘘型	喜欢表现、嫉妒心重	促其心情愉快
6	吹毛求疵型	好胜顽固、征服欲强	准备充分、勿意气用事
7	冷淡傲慢型	具有特别偏好	准备充分、先发制人
8	优柔寡断型	处处质疑	对自己、车辆充满信心
9	沉默寡言型	表现消极、反应冷淡	避免僵局、打破沉默

销售人员与客户沟通要有信心，让客户消除疑虑。客户来到店里可能是想来买车的，也可能是找人的，作为一位销售顾问，如果表现紧张，客户看出来了就会产生疑问，要么找其他的工作人员咨询，要么让你自顾自地说，客户有一句没一句地搭几句，如果客户从销售人

员的语气或表情中发现缺乏自信，那么即使销售人员说得很好，客户也会怀疑销售人员说话的真实性。有信心是汽车销售的强大力量，自信的表达不仅通过语言表现，而且通过销售人员的穿着和外表。自信是从里到外的，作为汽车销售人员，每天工作前都要自我激励自己，可以对镜调整自己让自己精神振作起来，多学习，掌握产品的优点。当与客户交谈时，底气要足。让客户能感觉到销售人员自信心，真实可信。这样，客户才能打消疑虑，放心买车。

如果一个客户真心想买车，而销售顾问不自信地跟客户沟通，有心买车的欲望也会受到影响，对于真心有意向买车的客户，那就得设法让客户融入那个氛围，包括客户思想、行动、对价格的关心等等。

如图2-3所示，销售顾问首先要了解客户的真正需求，你的话题要让客户感兴趣，不要让客户感觉你一直在推销产品，销售顾问要站在客户需求的角度，为客户着想，让他们觉得物有所值，继续与客户沟通下去，才有交易的可能性。销售顾问应该对客户的每一句话给予反馈，并在自己的讲话中适当地重复和引用，以便获得真正的沟通。当然，在沟通过程中，我们应善于发现客户感兴趣的话题，强调您的产品能给客户带来一些好处。谈论客户感兴趣的话题，可以大大减少客户不与您沟通的情况。

在汽车销售接待中常见的客户有主动型客户和沉默型客户，主动型的客户表现为进店就急迫地寻找目标，或者直接问导购有没有自己需要的产品，这类客户容易沟通。但是，如果进店来看车的客户是沉默型客户，销售人员迎

图2-3 与客户沟通的场景案例

上去问候之后，应该给客户10~30s的自由看车的时间，不要去打扰客户，并且应与客户保持至少3m的距离。在这段时间里细心地观察客户的动作，例如触摸、注视车型的种类与观察的时间，客户对车辆的比较行为，观察速度的快慢等，从中间找出客户大致的需求信息，在客户犹豫或思索时或者想寻求帮助时，抓住这个关键时机，开始接近客户。先缓解客户的心理压力再转移话题，进入到产品介绍的下一个流程，同时，顺势探寻客户的真实需求，以更有目的性地进行产品推介。

如果客户拒绝，不要灰心，更不要抱怨，可以采用以退为进的方法，此时，你可以这样说："没关系，先生你再挑选一下自己喜欢的产品，您有什么需要，请您立即喊我！"销售诀窍都在与客户沟通、交流上，销售人员要表达简洁、生动、易懂。不故弄玄虚，说话带刺。销售人员在与客户接触时态度应温柔友善，话题丰富，涉及知识面广，增加客户兴趣，不能枯燥、乏味、呆板。另外还要以诚实待人、谦虚，沟通是一种能力。接待不同客户时应对的方法要有针对性，作为一名汽车销售顾问，每天都会遇到各种不同类型的客户，应善于总结客户的差异性，从而设计不同的处理方式（表2-1）。销售顾问只有提高了与客户沟通的效率，下一步工作才可以比较顺利地进行，因此，销售人员在与客户打交道时必须掌握一定的沟通技巧。

若感觉要冷场，可选择以下与客户沟通的经典话题：

①了解客户喜好，从喜好中找到共同点，以便有一个共同的聊天主题，例如，谈论运动、

爱好和文化。

②成功生活经验、业务经验、业务管理经验的交流。

③对工作家庭情况、背景、家乡有适度的了解，但不涉及隐私。

④关注社会焦点话题。

⑤介绍产品质量保证的范围和时限。

⑥介绍预约服务。

⑦增值服务推荐、优惠或免费活动信息、俱乐部活动安排。

⑧交流安全驾驶事项和经验，改进驾驶方式的建议。

⑨介绍汽车结构的常识、避免失效的方法和应急措施。

⑩介绍定期保养知识，并告知下次保养的时间和里程。

⑪向客户咨询有关我们服务的建议和意见。

如果没什么可谈的就称赞客户。比如，表扬他看车仔细、会选择，等等。客户不喜欢销售顾问的主要原因可能有以下几点：

①接待客户时紧张或者过分尊重。

②不懂基本的礼貌礼节，而且言行举止冒犯了客户。

③谈论的话题与提出问题很少，更多的是等待客户提问。

④与客户沟通时，语气难听、不愉快。

⑤接待时间没有控制意识，客户不想听，销售顾问还在谈论。

⑥说话没有层次与逻辑，不简洁，唠唠叨叨，客户很困惑，不知道销售顾问想说什么。

⑦客户问什么就答什么，觉得销售顾问有点无趣。

⑧回答问题、提问，缺乏重点，缺乏总结性语言。

⑨在介绍车型时就像是在背诵话术，缺少灵活性，过程太机械化了，客户感觉不可思议。

⑩给客户介绍或演示配置时没让客户亲自动手参与，没有交互。

⑪与客户交谈时未能集中注意力，未能把握客户利益。

⑫与客户沟通时缺乏激情和信心。

在沟通时，应注意以下问题：

①不得侵犯客户的私人空间。不要问客户的个人或家庭隐私、人口等不愉快的问题。客户来买车，家庭的私密状况与你无关，类似提问会对客户产生心理压力。在沟通中不能一直纠缠不放，应尊重客户私人空间自由。

②销售人员的专业素质非常重要。不恰当的话语和身体行为会使沉默的客户的心理变得更加封闭，使他们不想接近你，只是想远离你。

2.1.3 新车销售方法

如何进行汽车销售？方法有哪些？

1. 顾问式销售

销售汽车的方法有很多种，方法的使用也因人而异。汽车销售应建立标准化的服务流程，提高服务质量。建立标准化的服务评价机制和规范流程，从客户进展厅开始到车辆购买结束，按部就班地实施。汽车销售顾问的具体工作包括客户开发、销售接待、销售谈判、销售交易、客户跟踪等基本流程，还可涉及汽车保险、上牌照、精品推荐、交车等业务的介绍等。

顾问式销售起源于20世纪90年代，内涵丰富，实用性强，是一种较新的销售理念和销售模式，顾问式销售是指销售人员运用专业的销售技巧来介绍产品，并运用分析和说服力来完成客户的购买，预测客户未来的需求，提出积极的销售方法。传统的销售模式是"客户是上帝"，而顾问式销售就是把客户当作朋友，从客户的角度出发，根据客户的需要，抓住关键问题和关注点，用自己的专业知识提供咨询，帮助客户选择最合适的产品。

作为一名合格的销售顾问，在实际工作中，要求有效实施各类汽车营销策略，开发潜在目标客户，按照标准流程接待客户，为客户提供优质的汽车销售咨询和支持服务，按时完成汽车销售指标。协助客户办理汽车销售相关手续，积极报告和解决汽车销售过程中的问题。负责跟踪汽车使用情况，与客户保持良好沟通，提高客户满意度等。

销售服务包括汽车产品与售前、售中、售后等服务，顾问式销售需要掌握的技能如图2-4所示，在汽车销售中，应注意客户的期望。当为客户提供服务时，应该不断了解客户对服务的期望。销售人员做好销售的关键因素见表2-2。

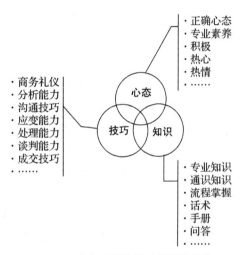

图2-4 顾问式销售需要掌握的技能

表2-2 销售人员做好销售的关键因素表

序号	关键因素	序号	关键因素
1	掌握的汽车专业知识	9	能清晰易懂地进行价格商谈
2	对汽车特性和利益的解释	10	关心预算
3	销售人员的外表	11	能提供完整的答案
4	专心接待客户	12	决定之前给客户充足时间考虑
5	关心适合客户需要的最好汽车	13	销售过程无摩擦
6	礼貌和友好	14	能很快地选好汽车
7	诚实	15	能很快地商谈好价格
8	承担义务	16	适当的销售压力

需要掌握多方面的工作技能，汽车销售人员需要掌握如下技能：

（1）专业知识 汽车销售需要掌握一定汽车知识，特别是汽车评估与销售职业相关的知识与技巧。不但要对汽车有深入的了解，更要对车辆历史情况做到心里有数，对自己所卖车

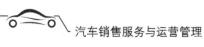

的车况最好做到了如指掌，并能够现场解答客户的疑问。

（2）善于沟通分析　能够对众多品牌汽车的大概定位进行对比分析，善于多问多听，重视客户的需求，能把客户的注意力转移到自己所售的产品上。

（3）真诚、友善　汽车销售要获得用户的信任，真诚地解决客户需求。对所卖的车有自信，面对汽车一车一况的复杂情况，让客户对你产生信任至关重要。

（4）销售技巧　根据不同的客户灵活地运用销售技巧。没有绝对的技巧，只有更适合的方法。

（5）市场分析　要学会做汽车细分市场分析、热销车型分析，对同业库存进行调研并预测价格行情。

（6）目标管理　了解目标设定基础，掌握目标分工、目标差异分析方法，销售要定目标，要用指标管理。

（7）卖场管理　包括卖场定位、个性定位、风格活化、商品组成、卖场配置、5S 管理。

（8）定价策略　要了解同业的价格，要进行竞争分析，预测价格走向，还要制定议价策略。

（9）促销　汽车促销活动要有特色，因车因时因地设定促销主题，采用低成本宣传手法，做好促销布局，有效控制促销车辆。

（10）客户管理　需要做客户流量分析、分级建卡、客户筛选，实施 VIP 管理和客户关系管理。

（11）数值管理　包括成本构成、指标管理、折让控制、客户满意、利润分析、周转率改善，利润分析很重要。

销售顾问要坚信自己所销售的品牌汽车品质优秀，对产品充满信心，有赢得客户的信任的信心。在销售过程中，任何时候都不要反驳客户，销售不是在争论中赢得客户，否则只会失去订单，但是要注意认同客户并不意味着同意客户的全部观点。沟通的效果不仅取决于销售人员怎么说，还取决于销售人员的话是否被理解，因此，要注意措词和沟通技巧。对客户的分析要准确，在沟通时注意对方的情绪，也要注意自己的肢体语言，不能咄咄逼人，不要给客户太多的承诺。不管你卖的是什么牌子的车，你都应该试着适应买家的价值体系，不要用太多的行话或专业术语。

2. FAB 冲击销售法

客户想知道的是，购买的车辆会给他们带来什么样的好处，而不是汽车的性能特点。在进行汽车销售时使用的汽车销售方法有很多，这里介绍一种 FAB 冲击销售法，FAB 对应三个英文单词：Feature（特征）、Advantage（优势）和 Benefit（利益），如图 2-5 所示。

当销售人员向客户介绍产品时，首先要说明产品"特点"，再解释"优势"，然后阐述"利益点"并展示"证据"让客户相信这些，逐步引导客户。按照这个顺序介绍产品是一个有说服力的销售过程，它所达到的效果是让客户知道你的产品是最适合他的，使客户对销售人员介绍的汽车产品深信不疑。只有明确指出好处并列出有说服力的证据，才能触动客户的心。其中，产品的利益是客户最关心的问题，除了解释产品特性外，还应该解释产品特性与

F（Feature）
• 汽车产品的特点，如：后视镜自动折叠；侧面安全气囊；ABS+EBD等
A（Advantage）
• 产品、服务、竞争优势
B（Benefit）
• 给客户带来的好处，如燃油经济性、安全性等
E（Evidence）
• 支持以上利益的证据
I（Impact）
• 个人切身的利益（冲击）

图 2-5　FAB 冲击销售法

客户需求之间的关系，即产品的利益。在方法使用中需要根据销售环境灵活调整，也可以在应用法则上有所扩展，例如，添加 E、I 支持，这样的话，根据使用顺序的不同，可以组合成 FAB、FABE、FBI 等方法。

3. 六方位介绍

在日常的汽车销售中，我们需要展示车的六个方位来吸引客户。六方位销售是指汽车销售顾问在向客户介绍汽车的过程中，销售顾问围绕汽车的左前方、发动机舱、右方、后方、左方、驾驶室六个方位展示汽车，如图 2-6 所示。目的是让客户了解汽车不同方向的优点。通过我们的礼仪、接待、需求分析，结合我们的产品专长和销售经验讲解，满足客户对产品认识的需求，使客户对产品产生信心。

六方位绕车介绍的重点内容见表 2-3。

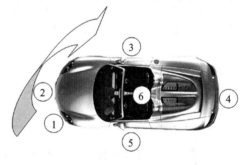

图 2-6　六方位销售介绍顺序

表 2-3　六方位绕车介绍的重点内容

序号	介绍方位	介绍内容
1	左前方	品牌、整体造型、局部特征、工艺
2	发动机舱	科技动力、欧洲环保、卓越科技、前部安全
3	乘客侧（右）	全面安全、绝佳操控、底盘科技、舒适享受
4	后方	尾部造型、设计、尾部空间、后部安全
5	驾驶人侧（左）	侧部造型、舒适便利、魅力科技、人性设计
6	驾驶室	豪华内饰、驾乘空间、科技配置、舒适享受

销售人员接待客户时要会听会问，在介绍汽车时，你应该更加注意客户的倾听程度。根据客户的态度和表情状态调整介绍技巧，不要让客户进入听觉疲劳。有必要及时发现客户的

兴趣所在，然后将注意力集中在客户最关心的点上，介绍车辆才会更有效。介绍汽车时，可以向客户提出一些关键问题，并将客户带到交互中。通过这种方式，客户会更加感兴趣和集中精力在倾听的过程中，并通过适当的问题获取大量有价值的信息，以便更准确地分析客户的真实需求。

每个人都希望与有涵养、有层次的人在一起，在销售中，不雅之言，必将带来负面影响。说话要有技巧，汽车销售业务员每天都在与人打交道，赞美性话语应多说，但也要注意适量，否则让人有种虚伪造作、缺乏真诚之感。

在商务会谈中，在商言商，那些与销售无关的话题，最好不要参与，不管你说的对还是错，都是毫无意义的。在交谈过程中不要和客户争吵，而是要学会识别客户的观点以显示客户的智慧。在业务流程中，让人反感的话题不要出现。客户的理解受到质疑，使客户感到自己没有被尊重，会感到不满，很容易产生反叛心理。

任何产品都会有缺陷，汽车推销员应该站在客观的立场上，明确地分析自己的产品在同类产品中的优越性，帮助客户熟悉市场情况，以便让客户接受自己的产品。不贬低竞争对手，汽车销售顾问应该通过提升自己的优势和谈判技巧来诱导客户做出判断。一些汽车销售顾问谈到一些冒犯性的话题时缺乏理性思考，不管是对人或事物的攻击，都会引起潜在客户的怨恨，因为从某种角度来说，并不是每个人都站在与你相同的角度。汽车销售顾问太主观了会适得其反，与客户打交道，主要是为了掌握对方的需要。避免谈论隐私问题，涉及隐私问题，所有人都会不舒服，不该问的事情不要问，不该说的话最好不说，问人家的家庭财产、小孩老婆、父母之类的问题是毫无意义的，浪费时间不说，也会引起客户对你的警惕与反感。

2.2 实践训练

	实训任务	客户异议处理
	实训准备	可上网的电脑、白板笔、白板纸、移动白板
	训练目标	1. 通过实训掌握处理客户异议的技巧 2. 掌握沟通技巧
	训练时间	90min
	注意事项	每一位同学都应当积极发言，能够在讲台上清晰地回答出老师提出的问题

任务　客户异议处理

任务说明

根据给定的客户异议编制话术，然后进行角色扮演，并通过总结分享自己的收获。

实训组织与安排

教师活动	● 指导学生总结并编写话术，安排学生分别扮演客户、业务接待员角色，进行对话演练，在轮组的对练中注意角色的交换
学生活动	● 按照任务中的要求填写出要求完成的内容 ● 积极参加老师的实训安排，在规定的时间内完成各个工作站点的任务。一个站点的任务完成后与下一组小组交换任务 ● 组员之间应能积极沟通交流学习心得与经验，互帮互助

任务操作

异议处理	角色活动安排	角色扮演
问题1	这款车的内饰做工有点粗糙了	角色安排：
	话术：	演练点评：
问题2	这款车的钢板太厚，比较费油	演练点评：
	话术：	
问题3	车子太大，排量1.6L，动力会变差	演练点评：
	话术：	
问题4	国产车质量恐怕不过关	演练点评：
	话术：	
问题5	汽车的悬架比较硬，坐起来不太舒服	演练点评：
	话术：	

2.3 探讨验证

教师活动	• 组织学生对演练结果进行汇总,形成报告让学生在讲台上对小组成果进行展示与总结。再针对深层问题,引导学生进行问题探讨
学生活动	• 在课堂上积极回答老师的提问与问题讨论,将小组完成的调研报告对大家进行讲解,并完成老师提出的问题探讨

问题探讨	探讨的结果
1)客户说:"现在生意不好做,现在没钱买,等过段时间再说吧。" 请探讨:有哪些好的方法来应对这个问题?	
2)客户说:"你们这里的价格太高了,我看了另外一家4S店卖的车,品牌也很好。" 请探讨应当如何应对?	
3)客户说:"什么时候车能降价?" 请探讨:有哪些好的方法来应对这个问题?	
4)客户说:"痛快点,最低多少钱卖?" 请探讨:有哪些好的方法来应对这个问题?	

2.4 项目小结

本项目的学习目标你已经达成了吗?请通过思考以下问题的答案进行结果检验。

序号	问题	自检结果
1	CRM 客户管理系统中的客户分析有哪几个方面?	
2	客户类型与特征有哪些?	
3	什么是客户收益率分析?	
4	沉默寡言型的客户有哪些特点?	
5	如何了解客户的需求和目的?	
6	销售人员与客户沟通有哪些基本要求?	
7	主动型客户和沉默型客户来访时有哪些行为表现?	
8	如何应对客户拒绝?	
9	在和客户沟通时应注意哪些问题?	
10	什么是顾问式销售?如何使用 FAB 冲击销售法?	

项目练习

单项选择题：

1. 通过客户分析，企业可以利用收集到的信息（　　）。
   A. 断定他是不是要买车
   B. 知道客户家庭情况
   C. 跟踪和分析客户的信息，获得客户的需求点
   D. 判断客户的来访原因

2. CRM 系统中的客户分析可以分析出（　　）。
   A. 客户的购买力、客户注意力、客户收益率
   B. 客户商业行为、客户特征、客户忠诚
   C. 客户特征、客户忠诚、客户注意力
   D. 以上都对

3. 从容不迫型客户（　　）。
   A. 严肃冷静，遇事沉着，不容易受到外界事物和广告的影响
   B. 严肃冷静，遇事不沉着，容易受到外界事物和广告的影响
   C. 他们不听销售人员的建议，会始终坚持他们自己的意见
   D. 他们很容易做出购买决定

4. 在人员沟通方面根据亲密程度划分不同的沟通距离，（　　）。
   A. 正常的人际交往通常可以保持 2m 左右的距离
   B. 正常的人际交往通常可以保持 1m 左右的距离
   C. 要紧跟在客户的身边
   D. 以上都对

5. 当销售人员向客户介绍产品时，（　　）。
   A. 首先要说明产品"优势"，再解释"特点"，然后阐述"利益点"
   B. 首先要说明产品"特点"，再解释"优势"，然后阐述"利益点"
   C. 首先要说明产品"利益点"，再解释"特点"，然后阐述"优势"
   D. 以上都对

问答题：

汽车销售需要掌握哪些技能？

思考与讨论：

1. 汽车销售顾问与客户交流和沟通时要注意哪些方法？

2. 什么是冲击式销售法？

项目三　汽车销售流程

> **学习目标**

完成本项目的学习后，能够达到以下目标：

- 掌握潜在市场与客户开发的方法与技巧
- 知道汽车销售前的准备工作
- 学会根据客户的情况分析购买需求
- 学会正确向客户说明与介绍产品
- 掌握汽车试乘试驾体验的注意要点
- 掌握汽车销售促单成交的方法
- 掌握新车交付的规范与方法
- 掌握汽车售后跟踪的方法与工作要点

3.1　基础知识学习

在汽车4S店，展厅销售一直是汽车展示与销售的重点，汽车销售工作通常需要遵守厂家的销售流程，流程的每一步处理技巧与规范都是每个销售人员的必知必会。本项目将从潜在市场与客户开发、销售准备、需求分析、产品说明、试乘试驾体验、促单成交、新车交付、售后跟踪等环节介绍汽车展厅销售流程。

> **教师准备**

教师在正式授课之前，应当做好如下准备：

- 准备上课的教学课件与辅助教学资料，制定学习任务与课前任务并下派到每一个学习小组，要求学生做好课前预习
- 对教学课堂的阶段进展与教学实施方法进行设计，建议采用工作站教学法，准备好工作页，每个小组轮换完成学习

> **学生准备**

学生在正式上课之前，应当做好如下准备：

- 在课前预习老师安排的教学内容，完成老师安排的学习准备
- 准备好需要向老师提出的本项目范围内的问题

3.1.1 潜在市场与客户开发

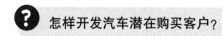怎样开发汽车潜在购买客户？

1. 展厅集客

销售的首要任务是展厅集客，也就是经销商寻找和吸引潜在客户的过程。没有这个步骤，就不能继续稳定地进行销售活动。在展厅里聚集客人的过程就是竞争和获取客户资源的过程，它的成败直接关系到销售的成败和市场占有率。客户数量是指对经销商营销产品感兴趣的最终用户的数量。统计来源包括不同的渠道客户，如来电、来店和户外展示活动。通过各种市场活动的手段邀约客户和收集客户信息，吸引更多的客户关注汽车产品。展厅的汽车销售量与集客的人数呈正比关系，因此，做好集客工作是汽车销售的基础。

潜在客户分为尚未接触也尚未购车的客户、已经接触但尚未购车的客户、已经接触但购买其他品牌的客户、已经接触且已经购车的客户四类。在开发潜在客户时需要判断集客活动的受邀客户是否为真正的潜在客户，在发掘潜在客户的过程中，要想提高推销效率，就必须练就能准确判别真正潜在客户的本领，以免浪费大量的时间、精力和财力。在实际工作中，判定顾客的方法主要是 MAN 法则，即从经济收入（Money）、决策权（Authority）、购买需求（Need）三个方面进行评价。

M：Money，代表"金钱"。所选择的对象必须有一定的购买力。

A：Authority，代表购买"决策权"。该对象对购买行为有决策、建议或反对的权利。

N：Need，代表"需求"。该对象有这方面（产品、服务）的需求。

如果只有一个条件满足，就不是潜在的顾客；满足条件 M、N 的客户，也算作潜在客户，但不是重点（因为他没有决策权）。

MAN 法则可以帮助开发潜在客户，但是在挖掘潜在新客户的同时，经销商必须关心老客户，做好客户的关系维系与沟通，让老客户成为品牌的赞美者和传播者。例如：节日和生日的祝福和服务促销、新车型上市可以邀请老客户试驾、由老客户转介绍给予一定的奖励、再次购买汽车时享受一定的折扣等，另外，还可以建立老客户俱乐部，举办一些联谊活动或组织自驾游活动、公益性活动等。

汽车工业的竞争日益激烈，静等客户来店只会错过销售机会。特别是在销售淡季，应该主动通过各种方式扩大与客户的直接联系，以便吸引更多的客户到展厅看车。例如，通过广告、电视、报纸、广播媒体、邮寄彩页和产品介绍，邀请客户到展厅看车，另外还可以通过巡展和流动服务活动，让更多的客户了解汽车新车型和经销商的服务。通过电话和短信等营销手段邀约客户到店参与活动来扩大经销商的影响力，吸引客户来看车或购车。被邀约来展

厅的客户数量主要受展厅的位置、展厅的形象、经销商品牌的声誉等影响。经销商需要从客户的角度考虑，为方便客户能顺利找到活动地址，指示路标应清晰明了，展厅前应有足够的车位便于客户停车。

潜在客户开发的方法如下：

①广告：在分析客户信息源和客户源之后，有针对性地选择广告载体，使宣传效果最大化，这也是提高经销商知名度和初步了解产品的常用方法。

②大客户、团购客户：收集信息，定期拜访辖区内的企业和政府国有单位。

③俱乐部活动：经销商设立用户俱乐部，为老客户提供增值服务，定期组织各种形式的俱乐部活动，如自驾游、用户网络活动等，加强与用户的沟通，增强经销商与用户之间的情感交流。达到提高用户忠诚度和获得更多用户推荐的目的。

④展厅促销活动：主要是指商家展厅在节假日或选定时间举办的各种更有吸引力的小型促销活动，客户通过有针对性的邀请来到展厅。

⑤户外巡展：主要是指在分析了客户的背景特征后，在选定地区长期举办的小型展览活动。它通过分发宣传材料和介绍产品优势来展示车辆，创建服务品牌，从而吸引更多的客户到展厅。

⑥试驾：主要指邀请特定客户群参加体验式营销活动，使更多的客户能够亲自感受到产品的卓越性能，从而建立良好的口碑宣传。

⑦新车上市发布会：经过事前策划，邀请老客户、关注产品的客户参加新车上市活动，增加客户数量，增加其他车型的销量。

⑧点对点营销：如电话营销、上门服务、DM 直邮等。

⑨闭店销售：邀约贵宾或意向客户，举办在规定时间内的闭门促销，与客户进行深度沟通，提供个性化、专业化的高质量服务。

2. 集客流程

集客流程如图 3-1 所示。

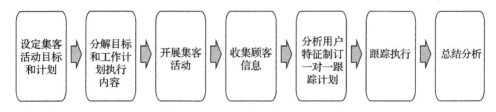

图 3-1 集客流程

①制定目标和计划：根据经销商的年度销售目标和前几个月的实际销售情况，销售经理分析展厅的收集率，计算并确定展厅的目标，计算方法是销售目标/客户交易率。

②分解目标和计划：根据经销商的整体销售目标和销售人员的具体情况，销售经理将向每个销售顾问分派销售目标和销售任务。销售顾问将根据经销商活动计划报告个人的月度工作计划。

③开展集客活动：集客活动形式多样。集客的渠道和方法见表3-1。

④收集客户信息：销售顾问在收集过程中收集并记录客户信息。

⑤分析客户特征并进行一对一跟踪：销售顾问应根据记录分析每个客户的基本特征，如年龄、性别、购买需求和时间，并通过短信提醒、电话联系或主动上门拜访进行分析，对每个客户的一对一销售跟踪。

⑥跟踪执行和总结分析：根据客户渠道采集的信息，销售经理必须实施专人责任制，随时检查销售顾问的销售跟踪，及时监督和指导销售顾问促进跟踪工作，促进销售。

3. 集客渠道

集客渠道与操作方法见表3-1。

表3-1 集客渠道与操作方法

序号	集客渠道	集客方法
1	展厅获取	1）展厅电话呼入 2）展厅接待记录 3）购车用户交车时主动询问是否还有朋友购车 4）维修部门主动询问修车客户是否有朋友购车 5）以寄送资料为由留下展厅客户的联系方式
2	名录获取	1）国家和地区的相关统计资料 2）企业名录和黄页 3）加油站、保险公司等客户资料 4）社团、工会
3	介绍获取	1）老客户和朋友介绍 2）不同品牌之间的客户介绍 3）出租汽车司机介绍 4）客户名片挖掘 5）经销商来往的供应商
4	协作获取	1）与媒体合作 2）与车管所或者驾校等协作，获取客户信息 3）与其他行业（例如保险、房地产、信用社等金融企业、电信）等分享客户资源
5	随机获取	1）扫楼活动：有目标地选定商业楼群，广泛散发企业宣传资料 2）扫区活动：有目标地选定居民社区，散发企业宣传资料 3）潜在用户聚集的地方

4. 集客电话邀请

电话销售的方式已慢慢成为汽车营销最主要的方式之一。与其他销售方式相比，电话销售具有更多明显的优势：节省4S店资源，不会浪费金钱、时间、精力等，掌握电话销售技巧

已成为越来越多营销人员的重要课程,能否成功邀约客户也跟电话沟通技巧有关,具体要求如下:

①电话邀约人员在拨打电话前,一定要做好充分的准备,要对自己的产品与服务活动有透彻的认识,要理顺自己的思路。

②需要形成自己的沟通风格,使人感觉舒服。知道应该说什么,应该怎么样回答客户提出的问题。

③要有礼貌并能尊重客户。

④电话销售人员要学会做电话记录。电话跟进时,左手拿话筒,右手拿笔,随时记录所听到的有用的、重点的信息。在客户说话时要认真地听,否则会让客户感觉不受尊重。

⑤打电话需要学会换位思考,沟通中应能克服心理障碍。

⑥要会在恰当的时候向客户提问,挖掘客户的潜在需求。

⑦要学会把握主动权,运用情景营销,逐步将客户带入到你的销售气氛中。

⑧学会控制通话的时间,通话时间不宜过短,同样也不宜过长。

⑨学会跟客户预约时间,如果客户对产品有意向,在结束通话前要不失时机地与客户预约下次给他打电话或上门拜访的时间。

以下是电话邀请话术与常见处理方法,仅供参考:

电话专员:你好,先生/小姐!我是×××4S店的销售顾问×××,本周末,我们公司将推出店内促销,我们邀请您和您的家人参加。除了令人惊喜的汽车价格,我们还准备了多项礼物。订购热销车可享受双份礼品,现场惊喜连连。这是本店首次举办促销活动,制造商给了我们很大的支持,请问您周六和周日哪天有时间来参加我们的活动?

客户:我很忙,没时间!

电话专员:先生/小姐,很抱歉打扰你了。我们的活动是考虑到您平时的工作很忙,所以安排在了周六和周日。我们这次优惠的幅度挺大的,这是一个难得的买车好机会,错过了是很遗憾的。如果您真的不能来,您可以让您的爱人或朋友帮您看看。看过之后,即使您不确定,我们也会送您一份礼物。您看,您还是您的爱人、朋友来我们店?我安排什么时间合适?

客户:我等等再说吧。

电话专员:先生/小姐,看来您对汽车市场很了解。没有人知道未来的市场是什么样子的。您关注的这款车的价格一直都很稳定,您也知道不可能再打折了。事实上,对于您来说,只需要以合理的价格购买喜欢的车,没有人能买到最低的价格。当然如果您真的不需要,再便宜的车您也不会买,对吧?所以啊,早买早享受,早受益。

客户:好的,我一定会去看看。

电话专员:您看,您是周六还是周日来?

客户:那就周六吧。

电话专员:好的,谢谢您,先生/小姐!期待您的光临。再见!

最后,整理记录的通话信息并进行存档管理。

3.1.2 销售准备与来客接待

? 如何接待来店的看车客户？

接待客户的关键主要是给客户带来愉快的心情，给客户留下良好的第一印象。由于客户与销售顾问接触时会产生比较警惕的心理，销售顾问周到礼貌的接待将消除客户的警惕与疑虑，使之在购车体验中获得愉快和满意。与客户的初始接触主要通过电话邀约和到店两个渠道实现，为了在初期接触阶段树立良好的汽车品牌形象，经销商的销售顾问需要从客户来电和客户来店两个方面为客户提供标准化的服务。

1. 来电接待

通常客户期望能通过打电话得到他想要的信息。
来电接待流程如图 3-2 所示。

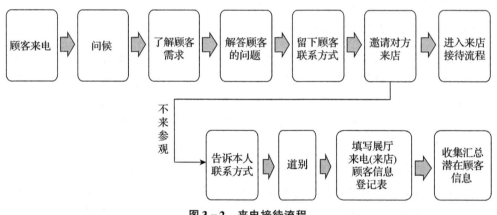

图 3-2 来电接待流程

销售顾问接听电话的规范如下：

用统一的公司经销商标准打招呼，"你好，汽车×××店×××为您服务，有什么可以帮助您的？"

电话必须在铃响三遍内接听。如果耽搁时间过长，必须在电话里向客户道歉。例如："你好，汽车×××店，我是××××，对不起，让您久等了，请问有什么可以帮助您的吗？"在接听电话时应认真倾听，积极响应客户的问题，并做好电话记录。首先询问客户的姓名，并在随后的通话中礼貌地呼叫对方，在通话中尽量获取客户的联系信息和方便的联系时间，以便在日后发送资料与活动信息。在询问客户需求后，应积极引导客户选择方便的时间到展厅进行交流和试驾。对话结束时，要感谢客户来电，并提醒客户有任何需要时联系，最后，要等客户先挂断电话后再挂断。

如果是前台转接：

销售顾问："你好！欢迎致电×××4S店，接待×××，很高兴为您服务！"

客户：我想问一些关于×××车辆的问题。

销售顾问："先生或小姐，请稍等，为您转接一位专业的销售顾问，让他回答有关您询问的车辆的问题，请问怎么称呼您？"

客户：我的名字叫×××。

销售顾问：好的，×××先生或小姐，请不要挂断电话，正在为您转接。

如果是找人：

销售顾问："你好！欢迎致电××××4S店，前台×××，很高兴为您效劳！"

"怎么称呼您？先生或小姐，请等一下，正在转接。""对不起，他不在座位上。需要我帮您转告他吗？请您提供一下电话号码好吗？"

寻找售后维修：

"你好！欢迎致电××××4S店，接待×××，很高兴为您服务！"

"对不起！因为我们是展览厅的前台，你可以直接拨打售后电话号码：×××××××？方便的话可以留下你的电话号码，我等会儿让服务顾问给您回电"。

销售顾问很忙：

"你好！欢迎致电××××4S店，接待×××，很高兴为您服务！"

"先生或小姐，请稍等，我现在为您转接一位专业的销售顾问，让他回答有关您车辆的问题。怎样称呼您？"

"先生或小姐，很抱歉，销售顾问现在不在座位上面。需要留下你的电话号码吗？我等会儿让销售顾问给你回电话。"

"谢谢您的来电！再见！"

电话礼仪规范见表3-2，来电接听六要素见表3-3。

表3-2 电话礼仪规范

类别	时间方位	礼仪简述
电话接听礼仪	电话接听前	准备记录工具，停止其他动作，调整心情，微笑
	电话接听	铃响三声内拿起电话接听
	第一时间自报家门	先问候客户，再自报家门。使用普通话，语速适当不宜过快，语音表达清晰
	确认来电目的	语音语调热情，让对方感觉到您非常乐意帮助他
	电话转接	确认需要转接的人能够接听再转接
		如电话是分机，在确认转接人拿起电话接听后再轻放电话
	电话留言	用记录工具记录客户的留言，并与客户确定回电联系时间
		尽快解决客户留言中的事情，并在约定时间前致电客户
	电话接听结束前	询问客户是否有其他需求
		如客户无其他需求，感谢客户来电，表达祝愿，请客户先挂机
	电话挂机	确认客户挂断电话后再轻放电话

(续)

类别	时间方位	礼仪简述
拨打电话礼仪	拨打电话前	选择客户合适的时间,准备记录工具,微笑
		预先想好通话内容,节约通话时间
	电话拨通	问候对方、自我介绍
		询问是否方便接听电话
	通话中	语速适中、语音清晰
		语言表达简短,主题清晰明确,节省时间
	通话结束前	祝福对方
		请对方先挂机
	通话结束	确认客户挂断电话后再轻放电话

表3-3 来电接听六要素

序号	要素	目的
1	客户姓名	了解客户姓名,在沟通中拉近与客户的距离
2	客户联系方式	为持续跟进做准备
3	需求探寻	了解客户需求,有针对性介绍,激发客户兴趣,邀约来店
4	推荐诚新二手车	面对二次购车客户,通过主动提供诚新二手车服务,邀约客户来店
5	邀请试乘试驾	针对客户的需求,推荐合适车型,邀请来店试乘试驾
6	确定下次联系时间	与客户约定下次联系时间,为客户跟进做好安排,避免无故致电客户遭到拒绝

2. 展厅接待

汽车销售顾问应通过热情、真诚地接待工作,消除客户的疑虑和警惕,与客户建立信任的人际关系,使客户有足够的时间在展厅停留,充分了解汽车产品和汽车服务。

客户走进展厅时,销售顾问至少要问候一下,客户希望能得到他想要的服务,而不是被迫地听销售人员介绍车辆。通常客户希望在他看车时,销售人员不要在他的面前走来走去;有问题要问的时候,服务人员应马上能答复他的问题,并且能耐心地帮他;希望销售顾问能根据他的需求向他推荐使他满意的车型等。

根据调查显示,客户停留时间越长,成交率越高。创造一种轻松愉快的环境,更容易建立客户的信任。接待是跟客户接触的第一个瞬间,这个瞬间的好坏直接决定客户在店里面停留时间的长短,直接决定了对店的印象,特别是新品上市或促销时。

接待流程如图3-3所示。第一次见面时,距离应该适中,一般在1~2m的距离,根据对客户的熟悉程度,缩短空间距离。与客户在一起时,不管是站着还是坐着,都不适合在客户身边,也不应该直接面对面,而是应该站或坐在客户侧边。在与客户交流的过程中,要注意自己的手势,恰当地使用手势可以强调对话的内容,但是注意,手势不要过于夸张,否则会引起客户的反感。与客户握手时,注意手要干净、干爽、温暖,先打招呼,然后握手,注意不要用力去握对方的手，伸出右手，手掌呈竖直状态，五指合拢，握手约3s，同时微笑看着对方，握手的顺序是上级第一，主人第一，老人第一，女性第一。

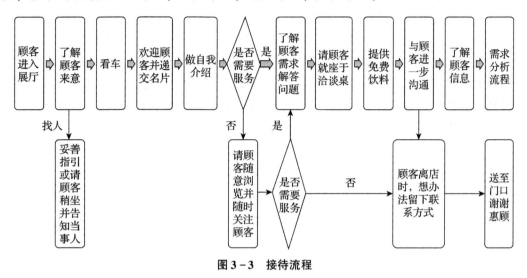

图3-3　接待流程

接待准备工作如下：

(1) 洽谈区域准备

①谈判区内的桌子干净，保持室内空气清新、自然。

②饮水机、饮料、杯子、糖果、雨伞等放置适当，摆放一些鲜花。

③准备好名片、笔记本和笔以及车型的彩色资料等。（如果需要外出拜访客户，销售顾问还需要检查公文包内的基本办公用品，例如计算器、笔、笔记本、名片、面巾等，另外还要备齐公司经销商宣传资料、产品资料、竞争对手产品比较表、媒体报道剪辑、用户简介、价格表、销售合同、服务项目表、试驾协议、保险文件、抵押文件等）

④检查车辆的库存情况。

(2) 车辆展示准备

①将车辆摆放整齐，颜色搭配合理。

②车子应该保持清洁，车内的空气应该新鲜。

③保持车辆四门以及行李舱在开启状态，方便参观者随时进入车内体验。

④车辆的蓄电池应充满电，以保证车内各个功能使用正常。

⑤整理好自己的服装，对镜检查自己的仪容、仪表、仪态，并调整好心情与状态。

⑥注意，客户进入展厅时，要及时接待客户。

销售顾问应面带微笑，要用柔和的目光看着对方，用和悦的语气问候客户："欢迎光临，我是×××公司的销售顾问。有什么我可以帮忙的吗？"。

如果客户不需要销售顾问陪同，可以与客户保持3~5m的距离，给客户一个1~2min的自由看车时间；每位访客必须在2min内打招呼、交谈，并能适当地交换与汽车无关的其他话题，以消除客户的本能警惕和警觉，拉近彼此的心理距离。

接待客户时应礼貌、热情,所有员工在遇到客户时都应该友好地问候客户,并打招呼"您好!"。良好的第一印象有助于增强客户对品牌、公司经销商和个人的信任,为以后的深入交谈奠定坚实的基础。当客户要求自己看车或看一下时,应答复"请随意,我愿意随时为您服务"。在不分散客户注意力的前提下,始终注意客户是否有需求。当客户环顾车辆或某处大约10min,仍然没有向销售顾问表明需求时,销售顾问应该主动再次跟进,并协助解释或介绍。客户离开大厅时,应再次问候他,并询问是否需要了解其他车辆信息,如果没有,应礼貌地把客户送出接待区。当客户需要帮助时,要及时与客户友好沟通,回答问题准确、自信、富有感染力。

销售顾问与客户洽谈时应当主动提供茶饮。递杯子时,用左手握住杯底,右手伸到左前臂以示尊重和礼貌。充分利用这段时间,收集尽可能多的基本信息,特别是姓名、联系电话,并填写客户信息卡,填写信息卡的最佳时间是和客户交谈一段时间后。洽谈时,应主动与客户交换名片,在谈话时,除了谈论产品之外,还要寻找合适的时间来谈论彼此的工作、家庭或其他感兴趣的话题,并建立良好的关系。在洽谈时应充分利用好经销商宣传材料、产品信息、媒体报道剪辑、售后服务政策、糖果或小礼品等辅助销售工具与用品。

客户要离开时,提醒客户检查随身携带的物品及相关的销售和服务文件,陪客户到展厅门口并跟客户预约下次拜访时间,以便于后续跟进。在展厅外面,挥手看着客户离开。

客户离开后,要把车辆上的设备调整到原来的位置并清理餐桌上的杯子等用品。最后填写客户信息卡,建立客户档案,如图3-4、图3-5所示。

销售前台填写				销售顾问填写								试乘试驾	
序号	日期	人数	销售顾问	F	S	客户姓名	电话	来店时间	离店时间	预购车型	级别	渠道	Y	N
1														
2														
3														
4														
5														
6														
7														
8														
9														
10														
11														
12														
13														
14														
15														
16														
						O:	H:	A:	B:	C:				

注:销售前台填写:日期、人数、分配销售顾问;销售顾问填写:是否首次来电(F或S)、客户姓名、电话、来店时间、离店时间、预购车型、级别、渠道、是否试乘试驾。
F:首次来店(电) S:第二次以上。
级别:O:订车客户;H:需求+信息+购买力(7天内订车可能) A:(15天订车可能)
B:(30天订车可能)C:(2-3月订车可能)。
渠道:A:报纸广告;B:电台广告;C:电视广告;D:基盘介绍;E:路过看到。

展厅经理签字:_____

图3-4 来店客流登记表

客户意向登记卡

记录日期:

现场观察		先生□ 女士□			大致年龄	
需求分析项目	问题	答案选择				
客户名称	请问您怎么称呼?					
同行人数	这位是您的?	___人	包括:	爱人□ 朋友□	亲属□ 同事□	
意向车型	您是看哪款车?	车系:				
		车型:				
		标准售价:		报价:		
购车用途	这车是您自己开吗?	公用□		私用□		
关注点	您买车更关注车辆的哪方面信息?	价格□	外形□	配置□	油耗□	内饰□
		操控□	售后□	其他□		
安吉星推荐	您了解过我们×××××的×××××产品吗?	是□		否□		
	我给您介绍一下××××的常规服务项目吧?	介绍或演示的项目:				
客户距店	您是开车过来的吗? 住我们附近吗?	近□	远□	地址:		
购买类型	您的名下有车吗?	无□		有□		
	您是置换还是新购,是上本地牌吗?	置换□ 新购□	新购□	是否上本地牌照□		
在用车型	您以前开的是什么品牌的车型?	品牌:		车型:		
	是手动变速汽车还是自动变速汽车?	手动□		自动□		
	牌也是挂您的名字?	公司□	个人□	其他□		
购买者	您本次购车是落公司户还是个人户?	公司□	个人□	其他□		
付款方式	我们有××××的分期,您是否需要了解一下?	全款□		分期□		
		首付:___%		贷款年限:___年		
预购时间	您打算什么时候用车?	3日内□	1周内□	1月内□	___月内	
影响者	车型和颜色是不是需要和家人商量一下?	家人□	朋友□	同事□	网评□	其他□
联系电话	您方便留个电话吗?	手机:		座机:		
到店原因	您是怎么了解到我们店的?	报纸□	网络□	基盘□	电台□	介绍□
		其他□				
备忘录:						

图 3-5 客户意向登记卡

3.1.3 需求分析

? 如何分析客户的购买需求?

需求分析的工作重点是建立客户对销售顾问和经销店的信心,明确客户购买需求,为客户提供满意的购买方案。对销售顾问产生信任会让客户感到放松,并自由地表达他们的需求。通过专业咨询,建立客户对销售顾问的信任是成功的重要过程。客户是企业竞争的对象,应将客户视为"上帝"。即使产品本身的质量很好,如果服务的质量很差,客户也会可能选择放弃。因此,经销商及其销售顾问、维修人员应真诚地尊重客户。有时,尽管商品价格昂贵,质量令人不满意,在盛情难却下,客户还是非常高兴,他们愿意购买,甚至会产生再次购买的动机。

1. 客户需求

客户心理通常有：我想随便收集信息，不想答应任何事情；我希望销售顾问诚实可信，倾听我的要求，提供我所要求的信息；我希望销售顾问能帮我选择我需要的车；我希望能成交等。

产品介绍可以帮助客户经理做更深一层的需求分析，是销售成功的必由之路。销售的目的是实现经销商与客户之间的双赢，是通过商品和服务满足客户的需要，因此我们必须识别和探求客户的需要。有时客户可能并不知道他们实际的需求是什么，要通过对他们的情况更多的了解，发现他们要实现的目标和他们的兴趣所在，才可能发现"需求背后的需求"，也才可能发现增值销售和附加销售的机会。为准确分析客户的真正购车动机，可以参考如图3-6所示的需求分析流程。

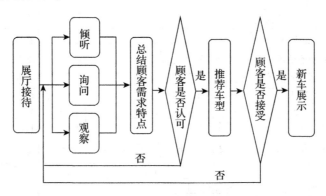

图3-6　需求分析流程

需求分析过程中，要注意观察客户着装、态度、眼神、客户表达方式、身边的随从等。观察客户着装可以在一定程度上了解到客户经济能力、购买品位、职业、喜好等。观察客户态度可以在一定程度上了解到客户的职位、职业、个性等。客户的眼神可以传达买车的意图、兴趣点，客户表达的说话内容可以反映客户的情感和购买的紧迫性。身边的随从可以决定对购买需求的影响程度。

客户的需求有显性需求、隐性需求两种，客户的显性需求就像露在海面上的冰山尖，销售员要善于发现隐藏在深处的客户"隐性需求"，这就得借助需求分析。显性需求主要包括客户喜欢汽车燃料储备的容量、内部空间、配置、安全和电能的容量等。隐性需求主要包括购买动机，消费者没有明确认识到或不愿意公开谈论，这些通常隐藏在明确的问题后面，需要由销售顾问进行分析和判断。因此，应先了解客户基本信息，了解客户的购买动机、车辆使用、考虑因素、客户预算、是否更换汽车等因素。注意倾听，在听的过程中注意捕捉客户的重要信息，及时向客户做出反馈。通过观察客户的行为，获取更有价值的信息，应用巧妙的询问，吸引客户的兴趣，了解客户的需求，并确定客户的需求。

例如，了解客户日常用车最普遍的需求，如性价比、上下班代步、外出游玩、公务、商务等。了解客户隐性的需求，如驾驶者的体验、产品的售后服务要求、安全性等。了解客户的深层次需求，如是否与自身的地位相符、在他人眼里的印象、对品牌影响力的要求等。

2. 客户购买动机与处理方法

购买动机是指导客户的购买活动达到一定的目标，以满足期望的购买意图和冲动。这种购买意向和冲动性是非常复杂和不可预测的心理活动。从消费者购买动机的表现来看，可以分为理性动机和情感动机两类。

（1）理性动机　客户理性动机分析见表3-4，不能简单地理解感性动机为不理智动机，它主要是社会的、心理的因素产生的购买意愿和冲动。

表3-4　客户理性动机分析

理性动机	动机说明
适用	适用即求实心理，是理智动机的基本点，即立足于车辆的最基本效用。客户偏重车辆的技术性能，而对其外观、价格、品牌等的考虑则在其次
经济	即求廉心理，在其他条件大体相同的情况下，价格是客户取舍的关键因素。例如：降价促售就是迎合了大众的"求廉"心理
可靠	客户总是希望车辆在规定的时间内能正常发挥使用价值，车辆的使用可靠性保证安全使用的关键因素
安全	由于车辆使用的特殊性，客户对车辆安全性的考虑愈来愈多地成为客户选购某一车辆的动机
美感	美感也是车辆的使用价值之一，客户购买车辆时对美感的要求越来越高
使用方便	省力省事是一种自然需求。技术复杂的车辆，使用快捷方便会受到更多客户的青睐，迎合了客户产生购买动机，例如：自动档变速器
购买方便	人们对时间的观念越来越强，迎合了客户就近购买、方便选择也会诱发客户的购买动机
售后服务	提供优质的服务，能解决客户的用车后顾之忧，使客户放心购买，因此，有无良好的售后服务也能决定客户购车行为

（2）感性动机　感性动机很难有一个客观的标准，客户感性动机分析见表3-5。

表3-5　客户感性动机分析

感性动机	动机说明
好奇心理	年轻人喜欢追求新奇，赶时髦，新车上市热卖正是迎合了这一心理
异化心理	多见于青年人，他们不愿与世俗同流，总希望与别人不一样，喜欢购买富有个性的车
炫耀心理	购车也是显示财力，代表身份，因此，尖端消费群体在购车时倾向于高档化、名贵化，上百万元甚至千万元的轿车正迎合了这一心理
攀比心理	很多消费者的心理是别人有了车，我也要有，并且我买的车要比他好
从众心理	很多消费者受到人群行为的影响，随大流走，因为许多人选择了这款车型，受这种心理支配的客户构成后随客户群，这是一个相当大的客户群
崇外心理	许多人盲目崇拜进口车。实际上国内的很多品牌的车辆的质量和技术水平并不比国外的差
尊重心理	客户是企业的"上帝"。如果服务质量很差，即使汽车本身的质量很好，客户也会经常放弃它，因为没有人愿意为恶劣的服务质量付钱。因此，公司及车辆销售人员和维修人员要真诚地尊重客户的经济权益，使客户感到更舒适，客户才愿意购买

3. 不同性别客户动机的差异

根据调查数据，不同性别的客户在车辆的选择上存在很大差异，见表3-6。有67%的女性消费者认为汽车的外观是购买汽车的首要因素，其次是安全和质量。女性对汽车的颜色有偏好，比如红色和白色。根据网络调查，在选择汽车颜色时，红色和白色具有绝对优势，男性消费者的首选是黑色、白色。有67.8%的女性消费者不喜欢贷款买车，在购买汽车时选择一次性付费，有40%的女性在家庭中有买车的绝对权力。随着传统社会观念和生活习惯的改变，女性正成为汽车产品新的购买力。

表3-6 男性与女性客户在车辆选择上存在的差异

序号	性别	
	男性	女性
1	注重品牌传播	更热衷于口头传播和推荐
2	注重商品质量、实用性	追求个性、时尚
3	喜欢宽大，更多的人喜欢SUV	女性购车两极分化很明显，或者是偏于中低端的家用车，或者干脆就是走张扬的个性路线，有些喜欢娇小型的汽车，但也有些追求个性化，喜欢越野车
4	更加关注汽车的动力性能、操控性能等实际问题	凭感觉去选车，注重外形、颜色，甚至一个小小的装饰就能左右女性的选择。女性对汽车的喜好，大多数来自对其外形的痴迷
5	更看重品质与实用性	追求品牌，女性消费者喜欢跟随流行之风，有着强烈的品牌意识，对知名度、美誉度高的产品购买倾向极强
6	注重理性，较强调阳刚气质	冲动消费，很多女性都因为一时的冲动而购买汽车，而她们的冲动则来源于汽车的外形、配置、牌子等
7	购买商品目的明确、迅速果断/购买动机具有被动性	超前消费，受成长环境、多元文化的影响，年轻女性在消费观念上比较超前，对汽车信贷的消费方式比较热衷，受访者中超过半数的人表示在购买汽车时愿意按揭购买
8	大排量、有劲	小排量、省油、省钱
9	喜欢选购高档气派的产品，而且不愿讨价还价	爱贪小便宜，货比三家，价比三家

4. 客户需求分析过程中的沟通技巧

为了正确分析客户的需求，你需要通过巧妙的问题来理解客户的需求。咨询需求分析提问法是通过有序的逻辑性问题不断探索客户的显性或隐性需求。

首先，确定谁是决策者，这是需求分析的前提，其次，客户在购车时的话语权，如客户的家庭情况、职业、爱好和朋友，因为正是在这些环境中，客户需求问题需要解决或需要弥补。在我们得到关于客户的基本信息后，我们要了解客户的现状和期望之间的区别，具体购买差异见表（表3-7），为什么客户要买一辆车？买车的主要目的见表3-8。在这一点上，需求分析的核心已经从客户传统的表面需要一辆车到客户内心深处的为什么需要这辆车，则需要了解客户内心的心理需求。在了解客户的真正需求后，我们要有针对性地分析产品的特点，即这款车有什么特点，设备或功能与客户的需求是否匹配等问题。

顾问式需求分析提问的顺序如图3-7所示。

表3-7 社会阶层的汽车购买差异

序号	社会阶层	说明
1	富有阶层	在消费中对奢侈品存在着一种不满足的心理，过分追求商品的象征性和自我地位，价格心理和负担心理，寻求新的和特殊的心理亮点，高端消费的规律性，随机化，炫耀性消费，如偏好名牌消费等
2	富裕阶层	象征性品牌消费，注重汽车的品牌，突出自己的身份和地位；高雅舒适的消费，注重豪华轿车，如梅赛德斯-奔驰、宝马等品牌
3	小康阶层	品牌消费和个性化消费。讲究体面与生活质量，强调商品的品质和独特风格，信赖名牌产品和进口商品，具有较强的品牌意识和个性需求；在消费时讲究简单快捷，省时高效，喜欢高科技含量的品牌汽车
4	温饱阶层	有一种即时感觉和即时满足的消费者心理。他们小心翼翼地扩大消费项目，但是由于预算缺乏，他们有很强的紧迫感，支持孩子的教育，把储蓄作为主要的消费倾向。其消费行为的主要特征是：消费负担得起，更加注重日常生活便捷的小车。对车价非常敏感，追求实惠，强调耐用性，购物时仔细挑选；对于老品牌的品质有很强的忠诚感，不盲目追求时尚或品牌

表3-8 购买车辆目的

购买目的	购买应对措施
婚嫁刚需	目前，年轻人结婚都要求有房子和汽车。对于一些资金不是很充裕的年轻人来说，结婚可能是一大笔开销。"男方买房子，女方买车"已经成为一种非常流行的婚姻原则。这也是一个不可避免的刚性汽车购买动机
代步工具	希望用开车来缩短旅行时间和距离。排量小于1600mL的小车完全可以满足需求。如果经济条件足够，会选择新车型、流行品牌甚至进口的小型汽车
驾车旅行	可以满足"8小时之外"的生活。因此，除了能够提供交通的方便外，对汽车舒适度要求也较高。根据个人预算，通常选择排量超过1600mL的休闲车或中型房车
长途驾驶	要求功率大，通过性强，最适合装载、空间充足的汽车。由于需要适应长途旅行以及野外各种道路条件，只有排气量大于2000mL的车才能满足四轮驱动的要求
商务洽谈	体现经销商及个人的形象，外观大气、稳重的中高档轿车是最佳选择。如果公司规模较大，可以考虑6座以上的商务车

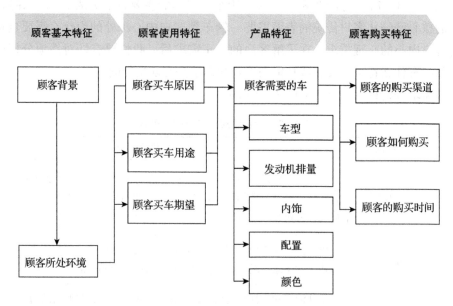

图 3-7 顾问式需求分析提问顺序

咨询需求分析提问技巧通常有两种：封闭式提问和开放式提问。问问题的过程中通常是交互式的。

开放式提问又叫 5W2H 分析法或七何分析法，当你想获得大量信息时，得到的客户信息越多，就越能更好地把握客户需求。

谁（Who）：谁买这辆车？

何时（When）：你什么时候买车？

什么（What）：你购买汽车的主要目的是什么？你对什么细节感兴趣？

为什么（Why）：你为什么选择这种车型？

哪里（Where）：你从哪里得到我们的产品信息？你从哪里来的？

怎么样（How）：你觉得这款车的品质怎么样？

多少（How Much）：需要多少辆车，要多少钱可以买等。

封闭式提问，是指提出答案有唯一性，范围较小，有限制的问题，对回答的内容有一定限制，提问时，给对方一个框架，让对方在可选的几个答案中进行选择。这样的提问能够让回答者按照指定的思路去回答问题，而不至于跑题。封闭式提问是可以用"是"或者"不是""有"或者"没有""对"或者"不对"等简单词语来作答的提问，适合于咨询结论性问题。封闭式提问是必要的，但不宜多用。因为它限制了来访者进行内心探索，限制了自由表达，使会谈趋于非个人化。而且，一连串的封闭式提问会使来访者变得被动、疑惑、沉默。例如，我们今天下午可以签订购买协议吗？

5. 倾听的技巧

创造良好的听觉环境，倾听的环境应不受干扰，周围的氛围应让人身心愉快。客户在说话时，精力集中，身体稍向前，仔细记录客户的重要信息，并要实时用肢体语言做出积极的反应，如点头、赞美、眼神交流等。在交流中，应站在客户的立场替客户着想，可以提出适中的问题，对于听不明白的问题要问清楚。在表达自己的建议或说话之前应让客户把话讲完，不要急于下结论或打断他。在客户说完后，要复述或总结客户的意见以确认理解是否正确。

适当向客户提出问题，例如，买车的主要目的是什么？家庭用车还是单位用车？考虑选择手动变速还是自动变速？喜欢什么颜色？是客户自己使用还是家人使用？客户对新车的性能，如动力、安全性、燃油消耗、空间、舒适性和外形，有何主要考虑？对配置有什么要求？比如导航、自动空调、天窗、皮座椅等。有没有看过其他牌子的汽车？对于车辆的动力性或舒适性能更偏重哪方面？最迟考虑什么时候买车？估计买车预算是多少？是第一次买车还是换车？全额付款还是分期付款，等等。

在这个环节中，要注意话术的正确使用，不要问一些让客户不愉快或尴尬的问题，例如：当你直接问客户是不是开过车，让客户有被鄙视的感觉。而客户在听到你问他开过什么车时，因为没有那么生硬，他愿意如实回答你。客户如果用过其他车，问客户对车的感觉可探寻客户的需求，因为他觉得好的东西他希望能保持，那就是客户的需求。

要在适当的时候总结客户谈话的主要内容，并寻求客户的确认，进行探索更深层次的需求，再根据客户的反馈意见记录下确认的需求。要主动根据客户需求推荐合适的产品，引导客户及时进入产品描述和推广阶段。例如，你看一下这款车怎么样，我给你们做一个简短的介绍，可以吗？

3.1.4 产品介绍

? 如何向客户介绍汽车？

新车展示是销售人员向客户展示汽车产品优势的重要环节。作为经销商形象的代表，销售顾问在塑造经销商服务品牌、宣传口碑方面将发挥绝对的作用。经过专业培训，销售顾问应该向客户展示最好的服务形象和专业精神。销售顾问要以专业知识水平和服务赢得客户的认可和赞誉，给客户留下深刻的印象，为后续的销售活动打下良好的基础。产品介绍的步骤主要是根据客户的需求将产品介绍给客户，以便更好地建立客户的信任和消除客户疑虑。销售顾问必须通过直接针对客户需求和购买动机的产品特性介绍，帮助客户了解一辆车是如何符合其需求的，并且只有这样客户才能认同产品的价值。新车介绍流程如图3-8所示。

在这个环节，客户期望是想和销售顾问打交道，"他们能真心实意地帮助我收集关于这辆车的可靠信息，能帮助我买到合适的车，但不是现在。""我想请一位对产品非常了解的销售顾问，他能清晰准确地回答我的问题。"

如果客户对销售顾问的专业能力具有信心，他就可能更快地进入预购买状态。如果客户相信这款车将满足他的购买需求的话，他就很可能订购一辆。

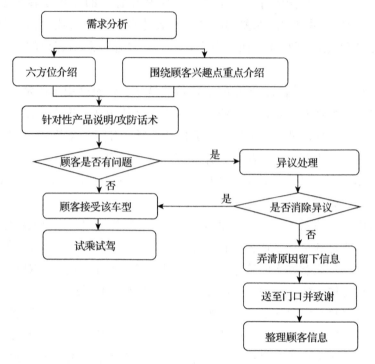

图 3-8 新车介绍流程

在正式介绍车型的功能特征前，销售顾问应明确客户的需求与来访目的，询问客户是否要做绕车介绍，在介绍过程中充分鼓励客户参与，进行沟通，针对客户关心的配置与特性做重点介绍，询问客户对重点配置与特性是否满意，询问是否需要进行试驾等。在介绍时，应着重介绍那些迎合客户购买需求的特性与好处，这将会使客户确信他的需求已被了解。应让客户确认所介绍的车辆确实符合他的需要与愿望，这将有助于建立客户对销售顾问及其推荐建议的信任感。介绍车辆时，通过对车辆的概述，将客户导向六方位介绍法，然后针对客户兴趣点引入 FAB 冲击法，有序地导入客户所需的产品特征。

（1）FAB 冲击法　从客户的兴趣点开始，介绍客户感兴趣的设备或特性。利用 FAB 冲击法对车辆进行介绍的流程如图 3-9 所示。

（2）六方位介绍法　六方位介绍法是销售人员向客户介绍汽车的过程。销售人员将围绕着汽车的前部发动机舱、驾驶室、侧面、车辆后部、车辆内部等部位，同客户一起围绕汽车按照顺序介绍汽车的特征。在每一个介绍点上，讲解相应的特征，并说明这些特征给客户带来的利益，注意，如果店内正在进行购车优惠与赠送的促销活动，在介绍时要向客户介绍可以选装的装备和附件产品，以及相关的优惠。

（3）新车展示及介绍准备　在销售顾问为客户提供车辆展示和介绍服务之前，车辆的放置和准备是一个重要因素，车辆布置应有独立的展示位置，方便客户在车旁欣赏且以客户第一眼位置的 45°角为宜。

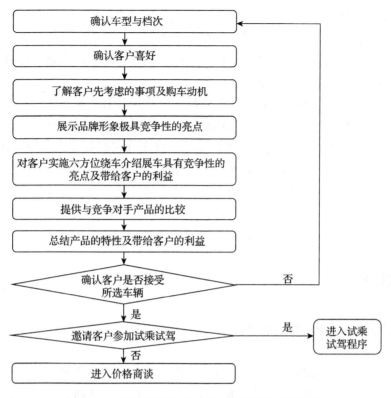

图 3-9 利用 FAB 冲击法对车辆进行介绍的流程

销售人员在与客户沟通时应避免在洽谈桌上解释车辆，应当使用实际的汽车展示来调动所有客户的感知——倾听、观看、触摸和操作。在介绍车辆的功能时，说话的语速不应该太快，话题也不应该转得太快，要注意客户的反应，并适当地用手势进行引导。在介绍时应鼓励客户提出问题，耐心地回答他们关心的问题。当客户提出更专业的问题时，应该给予适当的赞扬。客户到达驾驶室的驾驶座位后，销售顾问咨询客户随后进入乘客座，介绍车辆的仪表台、座椅和转向盘功能时可以适当指导客户自己操作，进而增强客户的体验感。

如果客户有陪同人员，则应尽量让陪同人员参与车辆的展示和介绍的环节中，并给予他们必要的尊重和适当的赞扬，以指导他们影响购买者做出决定，同时，也是挖掘潜在客户，客户的随同人员在车辆介绍与展示的环节中同样也是感同身受，也会带动他们的购买欲望。介绍时要注意产品优势和客户利益的结合，展示新车的过程也不应该盲目地推广，应该结合客户需求分析，将产品优势和客户利益结合起来，以产品优势为目标。销售人员应当充分掌握汽车各车型的配置、性能和所有技术参数，除了知道自身产品的特点之外，还需要充分了解竞争对手的产品特点和优势。注意，销售人员在产品描述之前应该随身携带车辆数据目录，以便于向客户介绍产品。

根据客户对产品最感兴趣的部分，使用钢笔在目录上圈出来方便总结。销售人员在介绍产品时，应随时使用车辆与客户互动，鼓励客户操作，鼓励客户提问，引导客户感受，寻求客户认同。当客户在体验产品功能时，销售人员应该协助指导操作。在介绍产品时，尽量使用 FABE 的介绍方法，避免使用太多的专业术语，并注意避免攻击竞争对手的话。在介绍真正的汽车产品后，销售人员应引导客户到洽谈桌前并提供饮料服务。然后销售人员再根据客户对车辆目录的选择偏好与需求，通过竞品车型的比较，说明该车型的技术优势和功能优势以及它与其他竞争产品的区别。整理好车辆目录的数据和其他书面数据，并将数据放入文件袋中，提供给客户，并邀请客户参加试驾体验。

在介绍汽车的过程中，销售人员应该能够从始至终地带着微笑介绍汽车。使用手势引导客户到相关位置，注意不要与客户产生身体碰撞。在介绍时，眼睛应该面向客户，而不是看着汽车介绍，时刻注意客户才是这个环节的主角。绕车介绍时要注意六个方向的灵活运用，别太死板，从客户最想要了解的部位开始。在介绍中，不断征求客户的认可，注意客户的倾听兴趣。如果发现客户不感兴趣，试着问问题，找出客户的需求，继续提供基于客户兴趣的介绍。在介绍中，注意客户眼中的购买信号，如果发现客户已经认同该产品，销售人员就可以停止六方位介绍，设法引导客户进入试乘试驾或是条件商谈的阶段。

3.1.5 试乘试驾体验

 什么要邀请客户参与试乘试驾？

试乘试驾是让客户理性地了解车辆有关信息的最好机会。作为销售促进手段，如果客户经由产品介绍、销售促进和促进成交等步骤后，仍难下决定签约时，可以经由试乘试驾促进成交。例如："×先生，为了让您能够亲身体验我们这款车的性能、操控性及舒适感，我们公司特别为您安排了试乘试驾。您在试乘试驾之后就可以知道这款车是不是合乎您的需求，如果有需要改善的地方请您不要客气地提出来；如果您想订车，记得要找我哦。"

在这个环节中，客户期望主要有：如果我去试驾，我想请一位销售顾问陪我，这样我在试车时就能告诉我更多的信息；我想安静地开车，有足够的时间观察汽车的性能；我想测试一辆或多辆汽车，但我不一定买；我想让销售顾问在我开车的时候安静下来，让我体验一下汽车的性能，等等。因此，在试乘试驾过程中，销售人员应让客户集中精神进行体验，并针对客户需求和购买动机进行解释说明，建立起信任感。试驾是客户体验和确认车辆的关键步骤。通过提供高质量的试乘试驾，让客户体验产品性能，使客户满意进一步超越客户期望，提高客户对产品的信心，从而提高成交率。在开始测试之前，销售顾问应该解释客户的需求和购买动机，以引导客户体验产品的优越性。在试车过程中，销售顾问应该让客户集中精力在车辆的体验上，尽量避免交谈。

试乘试驾是汽车产品动态显示的过程，它能够最有效地发挥产品的优势，促进客户的购买决策。为客户提供试驾服务是了解车辆的特性、增强个人体验车辆性能和驾驶乐趣最好机会，客户可以通过个人体验加深对销售人员口头解释的认可，增强他们的购买信心。通过试乘试驾，让客户体验到"拥有"的感觉，可以刺激他们的购买欲望，并促进购买决心。

经销商应保有一定数量的试驾车，并有明确的规章制度，保持车辆清洁和良好的车况。确保试驾车是最新产品的最高配置，并且车身应具有所需的贴纸，根据每个区域市场的特点选择合适的颜色，车牌号码和车辆信息应提交给销售管理部门。为了保护客户的生命与财产安全，试驾车需要投保，试驾车不得用于经销商本身或与试驾无关的其他业务。试驾车的钥匙由展厅的主管保管，客户经理凭客户签发的《试乘试驾安全协议》从展厅主管处领取钥匙，使用完毕后，应当及时归还，并填写试乘试驾记录。每次试乘试驾车使用过后要及时将座椅、转向盘、音响等一些常用设施恢复到使用前的状态。每天对重点项目进行检查，每两周根据《试驾车辆检查表》对整辆车进行检查，试驾车辆应该由车库管理员定期保养和维护。

　　试驾车的外观应保持清洁，仪表板、座椅、车内饰板、转向盘和烟灰缸等应保持清洁。车身装饰齐全，无破损，贴膜要求齐全，底板有脚垫，根据客户的特点进行个性化装饰，突出品牌和型号的特点。座椅、头枕、安全带、转向盘均调整到合理位置，设置收音机预置收音频道，确定检修和清洁试驾车辆的时间表，并布置试驾车辆检查工作表，确保试驾车辆在试驾时间始终保持最佳状态，在油箱内至少加注四分之一的燃油，纯电动汽车应当确认电池的容量正常。试驾车要配有驾驶执照、附加费、香水、两种以上不同款式的CD或磁带、纸巾、雨伞等，各项物品摆放合理、有序。车内的气味应该新鲜芳香。试驾车应该放在店门外容易看到的位置，放车时将车头朝外以便于车辆的自由进出与随时使用。

　　试乘试驾的流程如图3-10所示。

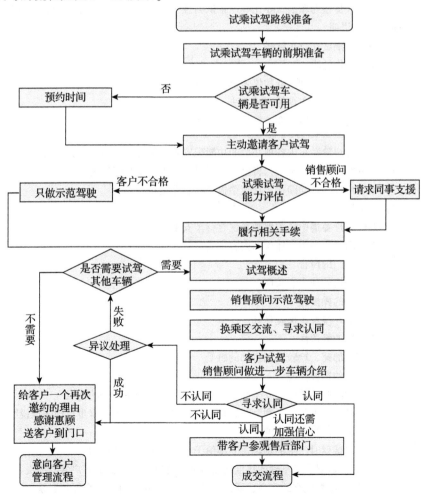

图3-10　试乘试驾流程

试乘试驾的要点见表3-9。

表 3-9 试乘试驾要点

试驾流程	流程说明
试车准备	1）规划试车路线，必须按照规定路线行驶，使客户有足够时间来体验车的性能，熟悉并喜欢这部车，在试驾过程中必须确保行车安全 2）选择一部已被客户基本确认、与客户的要求与愿望基本相近的试驾车辆 3）车况保持最佳状况，车辆加贴试乘试驾标志 4）配好CD碟、车内脚垫等
	检查燃油量，保持车内外清洁、各项功能正常
	试驾车辆要有保险，在试驾前应与客户签署试驾协议。在协议中应明确界定双方的权利和义务，以规避不应承担的经济、法律责任
	客户必须持有国家规定的机动车驾驶证，才能亲自驾驶相应的试驾车辆。如果没有，则需要安排试乘
试乘试驾前的产品介绍	1）销售人员在驾车前，要让客户意识到该车符合他的购买要求。起动车辆后，对车辆进行静态评价说明 2）说明试乘试驾行车路线 3）车辆操作说明 4）说明转向灯、刮水器和仪表板使用方法 5）说明座椅、转向盘等调整方法 6）说明自动变速器、变速杆等使用方法
客户驾车	1）确认客户熟悉车内各项必要的功能配置和功能键后，与客户交换驾驶座位 2）提醒客户系好安全带，将座椅调至最佳位置，调整好后视镜 3）请客户试踩制动踏板、加速踏板及离合器踏板 4）了解档位 5）嘱咐客户要集中精力驾驶，注意行车安全 6）在试驾过程中需要体验的内容主要包括： 　①关车门的声音 　②发动机的动力、噪声 　③车辆的操控性 　④音响环绕系统保真良好 　⑤驾乘的舒适性 　⑥直线加速，检验换档抖动的感受 　⑦车辆的爬坡性能 　⑧车辆的制动精确、安全性、制动系统以及安全系统等的特点 7）试乘试驾结束后，必须针对客户特别感兴趣的地方再次有重点地强调说明 8）确认客户试乘试驾中的体验 9）对客户试驾时产生的疑虑，立即给予合理的和客观的说明 10）趁客户试驾后对车辆的热度还没有消退之际，尝试促成客户签约成交 11）对暂时不能成交的客户，要留下其相关的信息及时与客户保持联系

试乘试驾前，经销商须规划标准的试乘的行驶路线图，注意试乘试驾时间不超过 20min，车辆行驶速度最高不得超过 80km/h；路线规划时，应参照车辆性能来进行路试驾况设定。试乘试驾必须按照预定路线行驶，避开交通拥挤路段，以确保行车安全。试乘试驾路线应选择路长超过 1000m，宽超过 4m，交通流量较少，平直的路面或半径超过 20m 的场地。

正式试驾前，客户经理应对客户简述车辆主要操作功能及安全配备；客户经理填写完毕并交由销售经理签名确认；客户经理应告知客户试乘试驾所需注意事项，请客户填写《试乘试驾安全协议》，并签名确认；客户经理在完成上述流程后应向客户说明本次试乘试驾路线。

3.1.6 促单成交

> **?** 如何有效促单？

促单成交过程中最重要的是让客户感受到规范和信誉。提高价格透明度可以减少客户对价格的疑虑，如果销售顾问知道客户对价格和其他条件的要求，并且能够充分考虑客户的实际需要和关注来制订销售计划，那么客户就会觉得他是诚实可信的，与销售顾问打交道过程中，可以信心十足地购买。

在这个环节中，客户期望主要有：希望我能得到一个对所有交易条件都满意的解释；希望能感到与经销商的这笔交易是公平的；只是想和销售顾问打交道，对提出的问题都能给予肯定的回答，并提供令人满意的答案；只是想与诚实可信的销售顾问打交道，他们会帮助我，而不是考虑如何催我多付钱；只是想和有权利做决定的人打交道；希望我在价格商谈阶段受到公平的对待，而不是被迫做出决定，需要说服自己做出这个购买决定，确认经济利益已经到了最大利益，不想匆忙决定，也不想被强迫，等等。

促单成交步骤中最重要的是给客户一个相对充足的时间来做决定，并增强客户的购买信心。销售顾问应该对客户的购买信号敏感，并顺利地引导客户至成交步骤。最终的结果应该是达成一个双方都满意的协议，客户的异议或抗拒往往都是在其考虑到将要拥有产品时必须付出的代价时产生的。因此，在报价交易过程中，销售人员的专业精神以及他们积极寻求达成交易的信念是必要的条件。

报价谈判是在销售顾问和客户之间建立充分信任后进行的。这通常与销售能否成功完成有关。同时，客户的反对意见也会出现在这个阶段，因此销售顾问应该详细解释所有相关文件，并考虑客户的实际需要和关心的问题。

在报价前，为确保有一套完整的材料来完成交易，所有必要的文件都要写有客户姓名，还要准备必要的工具，如计算器、钢笔、价格信息和利率表。要了解其他品牌的竞争情况、了解潜在客户的基本信息，并确定客户的正确姓名、工作单位、家庭地址和电话号码。确定谁是名义买家和谁付款。注意收集其他相关的一般信息，包括：有影响力的人、重要事件、入学、最近的居住变化、生活条件的变化等。

描述产品价格前，请确认所选择的车型，以及保险、按揭、一条龙服务等代办手续的意向。根据客户需求制订销售计划，并提供有关报价内容、付款方式及各种费用的详细、易懂的解释与说明，耐心地回答客户的问题。在描述销售价格时，再次总结主要设备和客户利益，对车辆购买程序和费用的详细说明，让客户有足够的时间审核销售计划等。

报价技巧见表3-10。

表3-10 报价技巧

过早出价，过早让步	时间模式	幅度模式	让步策略	结束谈判前
除非你已经弄清楚下面的情况： 1. 已经获得足够的对方利益的信息，明确了自己的较高目标和比较现实的期望 2. 已经尽力使自己的谈判影响力最大化 3. 已经清楚衡量"公平"的独立标准	1. 回应太早，表示出你有很大兴趣，或许很迫切 2. 回应太晚，表示"不感兴趣" 3. 出价与让步之间的时间间隔往往随着谈判的继续而逐渐缩短	1. 让步的幅度，先大后小还是先小后大 2. 给对方的认知	1. 创造共同的价值 2. 确定让步的项目，重要项目和次要项目 3. 互惠原则 4. 对比原则 5. 承诺和一致原则 6. 指出后果 7. 暗示自己有一定的灵活性	1. 把口头承诺变为书面文字 2. 小心和利用自尊的误区 3. 注意自己的心理承诺

促单时的说话技巧很重要，例如：

案例1：与其他地方相比，你们的价格要贵几百元。

销售顾问处理1：其他地方报的价格确实很低，但在他的展厅里是无法实现的，而且会包含其他附加条件，如果我们这里也像他们一样去操作，可能会比他们的报价更低，但是我们店严格执行了厂家的销售规定，并且给予了您更多的超值优惠，这是别家店里不能提供给您的。

销售顾问处理2：您在其他经销商处了解的价格能拿到现车吗？他给你打折的原因可能是一辆普通汽车或者试驾车。如果你在这方面没有要求，那时我们可能会订到更好的车给你，到时候我一定通知你。

销售顾问处理3：对！我想把车卖得更便宜，毕竟我们关系很好，但我相信买车最重要的是它给你带来的方便和舒适，而不是便宜多少。凭我们的关系，我会尽力为你考虑，不会让你吃亏。这辆车的价格是厂家的参考价格，它是一样的，但你也得让我挣点生活费吧。

销售顾问处理4：他们保证你现在能拿到车？也许你得等很长时间。我有一个客户，他原来在那儿订购汽车。已经好几个月了还没有得到那辆车。而在我这里订车没过多久就上牌照了，这通常是一些经销商的策略，会让您无限期地等待。

销售顾问处理5：你觉得价格太高了，我们完全可以理解，让我向你解释一下，这款车的设计和制造都是使用了高质量的材料，技术含量高，比如桃木饰板，配置真皮座椅，业内公认的BOSS音响系统，自动寻车等功能，可以说物有所值，在同类车中这款车是最具性价比的。我想你应该什么都知道，这个价格绝对不会让你吃亏的，请放心。

销售顾问处理6：起初每个人都认为这款汽车的价格太高，但是了解之后大家就明白了。当前投资高科技设备的成本和人力工资的增加，加上消费者对质量的要求越来越高，这款车采用了双面镀锌钢板，整体延长了汽车的使用寿命，安全方面有了很大的提升，造车的材质都是经过精心挑选，质感精致、舒适。如果你比较一下其他品牌的价格，你就会知道我们的价格非常合理。

销售顾问处理7：我相信你在外面见过这辆车，而且知道它的价格。我也相信你说的话。但是X先生，有一件事要跟您说，如果你买了一辆车，你支付的价格不仅仅是汽车的价格，还有许多其他增值项目。我们的报价也许比别人贵几百元钱，几百元钱可以让你少吃一顿饭。但是别忘了，我们有一张服务卡，价值5000元，而且这些个性化服务真能在您最需要的时候帮上您的大忙，比如我们提供的免费救护车服务，如果你遇到拖车，给我们打个电话，我们的服务人员会免费为您提供这项服务。你一次可以省下300~500元，这样你的钱不就回来了？这笔钱已经养了一群专业的服务人员来解决你的后顾之忧，这个，您说多值啊！

案例2：市场指导价209800元，销售顾问权限203800元，让买家先行定价。

销售顾问：张先生，您认为我们的价格太高了，那么您认为多少合适呢？

客户：20万！

销售顾问：张先生，您太开玩笑了！我们的价格是国内市场指导价，您给的价格绝对不是！

客户：205000！这是我能负担的最高价格！

如果客户一定要坚持：张先生，真的，我很乐意帮助你，但是我仍然不能以这个价格卖给你。如果我卖给你，老板一定炒我鱿鱼！

客户：不！你的老板夸你还来不及呢！这个价格还可以！

销售顾问：X先生，您就别为难我了！但是，我可以帮你向经理询问你是否可以得到98%的折扣。如果你能接受这个价格，我现在就打电话给经理。

客户：好的！

这时要确认客户对该车型感兴趣，有明显的购买意向。若没有购买欲望，就没有必要谈判价格。站在客户的一边，让客户感觉到你在帮助他。当然，如果客户提出的价格低于销售底价时，应当使用强烈的反击态度，让他觉得他的出价太过分了。在拒绝客户出价后，再次强调该车型的优点和好处。注意，在让价的时候，让价格分成几个步骤一点一点地降价，而不是一次降到位，在价格商谈时不要相信客户的虚假信息。绝对不能制定不合理的价格，应该表明降价只是为了感谢客户，并及时请求客户帮忙推荐，最终的价格必须让客户感受到已经是最低的价格。

案例3：客户询问这辆车多少钱？

销售顾问：不用担心价格，让我们看看这辆车是否符合你的要求。关键是你喜欢它！

客户：128000，这太贵了！

销售顾问：你说得很对。对于普通人来说，汽车现在是一种高端消费品。然而，与其他消费品不同，汽车在七八年内都不是问题，按照6年来计算，你一年只需要花21000元，一天只需要花58元，你就拥有了自己的车。另外，我们的车也很保值，您的日常开支也就是30块钱。

案例 4：客户：这辆车卖 220000 元，太贵了，能便宜点吗？

销售顾问：你可以考虑一下，买房子至少要花 100 万！这款车也是耐用的，只卖了 22 万，你还觉得贵吗？

当潜在客户反复出现购买信号，但犹豫不决时，可以使用"二择一"的方法。例如，销售顾问可以对客户说，"您想要浅灰色的还是银色的？"或者说："是星期二还是星期三送到你家？"提问技巧是让客户选择一个，实际上，你可以帮助他拿定主意，并下定决心购买。许多潜在客户，即使他们对购买感兴趣，也不喜欢快速签订订单。围绕着产品颜色、规格、样式和交车日期不停地打转，这时，聪明的销售顾问应当改变策略，不谈订单，而是热情地帮助对方选择颜色、规格、款式、交车日期等。一旦上述问题得到解决，订单很快就会被签订。

有些时候，客户想买，却在犹豫，这时可以利用客户害怕"机不再来"的心理来促进订单。例如，销售顾问可以说："这个产品只有最后一辆了。"或者说："今天是优惠价的截止日期，请把握好时机，明天你就不能享受这个折扣价了。""如果你今天定下来，是现金还是支票？你也可以刷卡。""这辆车型号、结构、颜色最畅销，现在只有一两辆，如果您先付押金，我可以帮你先留下来。"等等。

签合同时，准确填写合同中的相关信息，请销售经理确认和批准合同，注意在客户签字时，应拒绝一切外界干扰，暂时不接电话，表示尊重客户。协助客户确认所有细节，请在签约后将合同副本交给客户，并感谢客户。当客户决定暂停交易时，销售顾问应了解客户的疑虑，并逐一解释确认。注意不要对客户施加压力，应该给客户足够的时间和空间来考虑。销售顾问可以根据客户的需要引导客户，解决客户的疑虑，总结并解释产品和服务的优势。销售顾问应当根据客户的基本信息，制订跟踪计划。当客户选择另一个品牌的产品时，销售顾问应该要求客户告知选择另一个品牌的原因。

签约、确认车辆交易后，提前通知客户准备余款。销售人员将跟踪订单的付款情况，直到客户完成付款。销售人员根据实际情况与客户约定交车时间。交车前，与客户保持联系，每周至少与客户联系一次，让客户及时了解车辆的准备情况，避免订单丢失。

3.1.7 新车交付

 新车交付时要注意哪些问题？

销售过程中，在早期阶段对客户的承诺必须在交车开始时一个接一个地履行。交车对客户来说是最激动人心的时刻。最重要的是在约定的时间交付汽车并兑现承诺。如果客户有愉快的交车体验，就可以为建立长期合作打下积极的基础。按照约定的日期和时间交付清洁、无缺陷的汽车，将提高客户对销售顾问的满意度，加强客户对专卖店的信任。

在这个环节，客户期望购买的新车能准时交车，需要足够的时间和帮助，以了解所有需要了解的问题，包括汽车运行和维护。在销售过程中，人们的情绪是不同的，销售顾问的兴奋与客户的兴奋并不同步。一般来说，销售顾问在客户签单时最开心。然而，客户在交车时得到想要的车辆才是最开心的时候。如果想让客户在交车后感到兴奋,那么必须让客户觉得我们交车时和他们一样兴奋。因此,交付活动包括理性和情感两方面。理性的层次是保证提供完备的服务,情感的层次是让客户兴奋地与经销商建立长期的业务关系。

交车时,应当确认客户的付款条件、付款状况以及对客户的承诺,完成新车出厂前检查(Pre Delivery Inspection,PDI)的准备,并签字确认。新车PDI检查项目见表3-11。

表3-11 新车PDI检查项目

主要验收项目		验收标准
车辆外观检查	钥匙门锁	钥匙与车门锁、点火锁相符,开启自如无卡滞,功能正常,工况到位
	刮水器系统	刮水器刮水自如、工作正常、喷水高低一致,刮水器刮臂表面无刮伤锈蚀,运转灵活,刮刷区域满足使用要求
		刮水器刮臂固定饰盖板平整、卡扣到位,无松动、飞漆、污迹,无开裂、铆钉无外露
	灯具	灯具无破裂、水雾、灯具与饰条无刮伤划痕、饰条无变形、无松动
		灯具与灯具饰条左右高低一致、间隙对称、与车身贴合均匀平整
		各灯具工作正常、开关工作灵敏、可靠
	车身	车身无划伤、掉漆、起泡、沙粒、麻点、凹凸、色差,焊接无飞溅、焊缝、焊点部位均匀、平整
		各门缝均匀对称,并与车身平整
		保险杠、中网与车身贴合紧密、左右均匀对称、无划痕、色差、凹凸不平
		车身色泽正常、清洁明亮无污迹
	玻璃	全车玻璃明亮无垢、无划伤、边沿无损伤、无划痕、胶污、印迹、白点
		玻璃饰条压装牢固可靠、边缘无余胶外露
		风窗玻璃、尾门玻璃及玻璃饰条与车身平整,间隙均匀,左右对称
		后视镜上下左右调整正常,镜面照物正常,外观无划痕碰伤
	轮胎	轮胎外观无刮花、飞漆、气门嘴帽齐全、花纹清楚且一致,无裂纹、起泡、擦伤,气压正常,轮毂中心盖无凹凸、锈蚀、破裂
	天线	音响天线伸缩自如,无锈蚀、弯曲、变形,线座无开裂、破损,牢固并与车身贴合平整
	标牌	全车标牌无锈蚀变色、贴位正确、牢固、与车型一致(尾门、前中网)
车身内饰检查	密封条及胶缝	各门框、窗框密封条无褶皱、拐角贴合到位、无漏底、破损、贴合平整
		各门接缝处胶缝平整,无弯曲凹凸、缺胶、色泽与整车一致
	仪表台	仪表台和各饰板平整一致,无翘曲、划痕、伤痕、损坏,无污迹、白点、起泡,与车身贴合到位,间隙均匀
		杂物箱、烟灰盒开关灵活,轻便、牢固,功能齐全有效
	内饰件	顶棚、左右内饰板无起泡、褶皱、脏污,与周边立柱饰板贴合到位、间隙贴合均匀到位,无明显缺陷
		全车内饰件、内饰板无色差、划痕、起褶开裂、折断、白点、污迹,各饰件贴合均匀、间隙紧密一致、牢固无松动

（续）

主要验收项目		验收标准
车身内饰检查	内饰件	安全带安装牢固、位置正确，收缩自如、上下滑动有效、插口有效
		全车座椅装配牢固、功能自如有效、使用轻便、无污迹破损
		地板饰件无凹凸、压条处平整无露底、无褶皱，周边贴合平整无缺陷
		车门玻璃安装牢固、松紧适当，玻璃升降轻便到位，无异响卡滞
		转向盘、方向柱、饰盖、外包壳左右间隙紧密一致，无松动，无划痕污迹
		全车开关开闭轻便无卡滞、功能齐全，安装牢固、贴合平整、无开裂
		音响功能良好
		遮阳板安装到位、转动自如、停用位置无松动，脱钩挂取顺畅自如
乘客舱内部检查	空调	空调制冷达标，无异响，出风口出风顺畅，无漏水，调节有效
		暖风开启、调节灵活，通风机运转正常，无异响，出风顺畅
	车厢内	车厢内地毯平整、备胎固定可靠
	后车门	各车门及后翻门内板与门框间隙左右对称，无明显缺陷、无凹凸现象
发动机舱及底盘检查	蓄电池	蓄电池正负极无松动、安装方向正确，蓄电池固定架牢固无松动，蓄电池观察显示窗显示有电、清洁、无渗漏
	液面检查	冷却液、机油、储液罐、风窗玻璃清洗液液面加注达标、无渗漏
	密封条	发动机舱盖内密封条卡到位无分离、无破损、平整无外露
	线束	发动机舱线束捆扎整齐、无凌乱、卡扣规范，外表胶皮包扎无破损、整齐
	管路	外露的油管、空调管接口到位，管箍到位牢固无松动、无渗透痕迹、无凹凸、无老化、无锈蚀
	发动机	发电机、起动机、空调压缩机安装固定无松动，传动带张紧度适宜
		发动机及各部件无渗漏油现象
	车辆号码	车身 VIN 码、车辆铭牌、仪表台条码字迹清晰、一致、表面平整
	底盘	整车底盘清洁，无锈蚀、污垢、飞漆
动态检查	车门	各车门开启手感自如、无异响、配置齐全、贴合到位、完整
		车门铰链无锈迹
	仪表	仪表总成各项工作指示警示正常、有效
	转向系	转向机构操作灵活，转向盘无晃动、上下无窜动间隙、无卡滞、抖动、左右转动自如无沉重感，自由行程在规定值内
	喇叭	喇叭响亮悦耳、喇叭饰盖贴合良好
	操纵系统	离合器踏板轻快自如、自由行程在规定值内、分离彻底、无异响、换档操纵档位清晰、操作轻便
		制动操纵轻便可靠、复位灵敏、制动无跑偏、拖滞现象，自由行程应在规定值内
		驻车制动操纵杆安装牢固、拉起扣数达标，驻车制动有效可靠
		空调、暖风开启无过大噪声，控制操作钮灵活轻便，各出风口按要求变化、出风顺畅

(续)

主要验收项目		验收标准
动态检查	线束	仪表台下外露线束固定整齐牢固，各接插件插接可靠
	音响	音响收放正常，无卡带现象，扬声器发音良好、外观无损伤凹陷
	起动	起动正常无异响、怠速平稳、提速顺畅无异响，仪表各项指示工作正常
	仪表显示	路试中整车无异常响声，停车后各部件管路无渗漏现象
		仪表总里程显示应在 20km 以内

确认并检查车牌、登记文件、保修手册以及其他相关文件。在交车前3天内打电话给客户，确认交车时间与参与交车仪式的人员，并简要通知客户交车过程和交车时间，通常为30min左右。交车前一天再打电话给客户，确认有关交车事宜。如果交车日期被推迟，应及时联系客户解释原因和处理方法，得到客户理解并重新指定交车日期。交付前一天销售顾问应当确认待交付车辆的型号、颜色、附件和基本设备在是否与订单一致，确保外观没有损坏，确认待交付车辆的车架号和发动机号是否与车辆登记证的车架号和发动机号相同。确认车灯、空调、转向灯、收音机正常工作。

当客户到达交车现场时，销售人员应提前10min在门口迎接客户，如果客户开车来，销售顾问应该主动去停车场迎接。销售顾问在迎接客户时应保持微笑，并祝贺客户今天来取车，然后可先邀请客户到交车区看准备好的新车交接现场与车辆，告知客户需遵循的程序，再引导客户到洽谈桌前，解释交车过程和所需时间。提交《客户新车交接确认表》并解释各种费用的结算、上牌手续和票据的交付，车辆保养与维护的时间与里程，《保修手册》描述保修内容及保修范围；介绍售后服务项目、服务流程及服务热线，交接用户手册、保修手册、购车发票、保险手续、驾驶许可证，车钥匙等相关文件与票据，并要求客户确认。

销售人员陪同接车客户进行车辆检验，主动帮助客户打开车门，示意客户坐在驾驶座上，而销售顾问则坐在乘客座上。如果客户在交车当天有合作伙伴陪同，则客户的同伴应坐在后排乘客座上，然后根据客户对车辆的了解和特殊要求，说明操作方法和使用方法。

操作与使用方法介绍完成后，再次带领客户到洽谈桌前，根据《新车交付确认单》与客户逐一核对，并请客户签字。准备一个客户信息袋，将所有文件、票据、手册和名片放入袋中，并交给客户。再介绍销售经理、售后经理、售后服务人员与客户见面。最后，举行交车仪式，销售经理、售后服务经理、销售顾问以及其他销售人员、售后服务人员需要共同出席交车仪式。销售顾问赠送鲜花和小礼物，并在新车前合影留念。

3.1.8 售后跟踪

? 如何做好汽车售后跟踪？

售后跟踪是指客户购买新车后，销售顾问适时提醒客户返回专卖店进行后续的维护和维修，并向客户提供有价值的产品或事件信息，并继续关心客户。售后跟踪是延伸销售服务以塑造满意的终身客户的生命线。通过售后跟踪，让客户知道，我们没有忘记他们，即使他们已经离开，但是仍能感受到我们对他们的关心。通过定期跟踪，销售顾问与客户建立良好的关系，获得客户的重新推荐和介绍，使客户成为满意的终身客户。

在这个环节中，客户期望离开4S店后，他还能感受到专卖店的关注。售后跟踪是维护客户忠诚度的重要措施，这也是收集客户购车信息和开发潜在客户的主要部分。售后跟踪流程如图3-11所示。

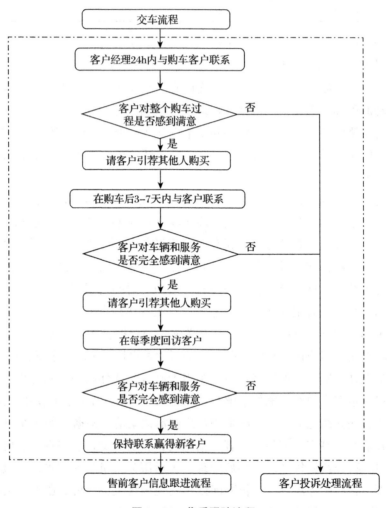

图3-11 售后跟踪流程

售后跟踪的目的是继续促进双方之间的长期关系，保持客户满意，并确保客户的回报率。建立定期跟踪机制，为专卖店开拓更多的商机，提高经销商的服务效率。优秀的销售人员通常会拥有自己相对稳定的客户关系网络，并会根据客户的重要性来确定与他们沟通的频率，从而保持相互信任的关系，这是销售人员成功的秘诀。

销售顾问在交车后三天内与客户联系，关心新车的使用情况，交车后一周内，销售顾问向客户发送交车仪式的照片。在日常工作中，应经常检查客户的基本信息，确认关键内容，包括姓名、电话号码、购买模式等，制订跟踪计划。应在交车后一周内打电话给客户，进行汽车使用和客户满意度调查，并在客户管理卡上详细记录客户反馈信息。当销售顾问根据客户的反馈信息，判断客户对车辆的使用状况有良好的印象时，应该邀请客户帮助自己推荐客户身边有意购买车辆的潜在客户。

在客户回访的环节中，如果客户不愿意，就不要勉强他回应你提出的关于车或对销售服务店的意见的要求。不要承诺你办不到的事情，否则会破坏客户对你和销售服务店的信任感。

销售顾问应该制订一个客户跟踪管理计划，如图3-12所示。销售经理每两周检查一次。通过电话、信件、短信或电子邮件与客户保持联系，关心客户的汽车使用情况。交车后每三个月，应该联系客户了解他们的使用情况。每次跟踪后，用户信息被填写在客户信息管理卡中并及时更新。主动要求客户提供可能的潜在客户购买信息，如果有相关的促销活动，积极邀请客户参加。

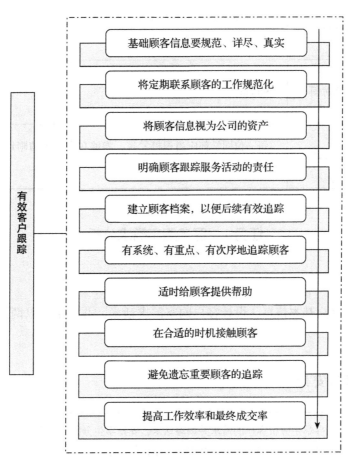

图3-12　客户跟踪管理工作流程

售后部门应制作客户维护记录，在每次跟踪前检查客户信息，并每三个月进行一次售后跟踪联系，发出定期维护邀请，例如2000km免费保养邀请及预约等。销售顾问在与客户联系时或其后记录《保有客户管理卡》中的联系人姓名、联系时间、客户对销售过程和车是否满意、客户愿意选择的跟踪方法，以及其他任何的特殊意见。记录投诉个案，记录投诉的情况和结论,将所有投诉个案呈报主管人员。

3.2 实践训练

	实训任务	1. 客户购车需求分析 2. 六方位介绍
	实训准备	可上网的电脑、白板笔、白板纸、移动白板
	训练目标	1. 掌握客户购车需求分析方法与技巧 2. 掌握六方位介绍方法与技巧
	训练时间	90min
	注意事项	每一位同学都应当积极发言,能够在讲台上清晰地回答出老师提出的问题

任务1 客户购车需求分析

任务说明

请根据提供的客户基本信息,设计客户购车需求话术,并将学生以两人为一组进行需求分析沟通的演练。

实训组织与安排

教师活动	• 指导学生分析客户的需求并编写话术,安排学生分别扮演客户、业务接待员角色,进行对话演练,在轮组的对练中注意角色的交换
学生活动	• 按照任务中的要求填写出要求完成的内容 • 积极参加老师的实训安排,在规定的时间内完成各个工作站点的任务。一个站点的任务完成后与下一组小组交换任务 • 组员之间应能积极沟通交流学习心得与经验,互帮互助

任务操作

1. 客户信息记录

人物特点描述1：35~45岁，男性，已婚有孩，企业家，爱好户外运动及自驾游。

姓名：		性别：		看车时间：	
年龄：				联系方式：	
家庭住址：				□本地　　　　□外地	
家庭结构：	□单身贵族　　□二人世界　　□三口之家　　□三代同堂				
家庭月收入：				个人月收入：	
购车原因：	□刚需　　　□换车　　　□投资　　　□其他				
所需车型：				何时入手：	
付款方式：					
客户买车最在意的方面：					
客户看过哪些车：					
推荐的车型：					
推荐理由：					
客户特殊需求：					

人物特点描述2：25~35岁，女性，未婚，富二代，爱好购物，喜爱奢侈品，关注时尚。

姓名：		性别：		看车时间：	
年龄：				联系方式：	
家庭住址：				□本地　　　　□外地	
家庭结构：	□单身贵族　　□二人世界　　□三口之家　　□三代同堂				
家庭月收入：				个人月收入：	
购车原因：	□刚需　　　□换车　　　□投资　　　□其他				
所需车型：				何时入手：	
付款方式：					
客户买车最在意的方面：					
客户看过哪些车：					
推荐的车型：					
推荐理由：					
客户特殊需求：					

2. 课堂练习

设计客户购车需求话术,并将学生以两人为一组进行需求分析沟通的演练。

客户:	
销售顾问:	
客户:	
销售顾问:	
客户:	
销售顾问:	
客户:	
销售顾问:	

角色演练安排:	
演练记录:	演练点评:

任务2　六方位介绍

请根据任务1中向客户推荐的车型对客户进行全方位介绍。

方位	介绍特征与重点	方位介绍话术设计
方位1		
方位2		
方位3		
方位4		
方位5		
方位6		
点评记录		

3.3　探讨验证

教师活动	• 组织学生对演练结果进行汇总，形成报告让学生在讲台上对小组成果进行展示与总结。再针对深层问题，引导学生进行问题探讨
学生活动	• 在课堂上积极回答老师的提问与问题讨论，将小组完成的调研报告对大家进行讲解，并完成老师提出的问题探讨

问题探讨	
1. 如何引导客户说出他（她）的隐性需求点？	
2. 如何运用六方位介绍对客户更加有效？	
3. FAB 冲击销售法的要点是什么？	
4. 如何有效促进客户签单与成交？	

3.4 项目小结

本项目的学习目标你已经达成了吗？请通过思考以下问题的答案进行结果检验。

序号	问题	自检结果
1	开发潜在客户有哪些方法？	
2	集客流程有哪些？	
3	来电接待流程有哪些？	
4	销售顾问在接打电话时有哪些要求？	
5	接待客户的流程有哪些？	
6	需求分析流程与方法有哪些？	
7	新车展示及介绍要点有哪些？	
8	试乘试驾的要点有哪些？	
9	促单成交技巧有哪些？	
10	如何有效进行售后跟踪？	

项目练习

单项选择题：

1. 常用的汽车店面销售方法有（　　）。
   A. 等待客户来商店　　B. 邀请客户来店　　C. 上门拜访　　D. 以上都对

2. 来电接听要点有（　　）。
   A. 需求探寻、客户姓名、客户联系方式
   B. 推荐新上市车辆、邀请试乘试驾、确定下次联系时间
   C. 客户姓名、客户联系方式、邀请试乘试驾
   D. 以上都对

3. 六方位介绍法是围绕着汽车（　　）等部位，按照顺序介绍汽车的特征。
   A. 前部前照灯、发动机舱、汽车防盗、行李舱、真皮座椅、汽车音响
   B. 前部中网、发动机舱、驾驶室、汽车防撞、侧面、车辆后部
   C. 前部发动机舱、驾驶室、侧面、车辆后部、左侧面、车辆内部
   D. 以上都对

4. 客户的需求有（　　）两种。
   A. 显性需求、隐性需求　　　　　B. 成本需求、性价比
   C. 驾驶需求、娱乐需求　　　　　D. 以上都对

5. 试乘试驾的目的是（　　）。
   A. 促成交易
   B. 让客户理性地了解车辆有关信息，增强购买欲望
   C. 争取更多与客户接触的时间
   D. 以上都对

问答题：

促单成交有哪些技巧？

_____
_____
_____
_____

思考与讨论：

1. 新车 PDI 检查项目有哪些？

_____
_____
_____
_____

2. 售后跟踪需要注意哪些问题？

_____
_____
_____
_____

项目四　店面营销管理

学习目标

完成本项目的学习后，能够达到以下目标：

- 掌握促销活动方案策划方法
- 掌握品牌化建设与宣传方法

4.1　基础知识学习

本项目学习的重点是汽车经销商店面经营，汽车营销的定义是汽车经销商为提升销售所做的各种推广与销售促进的策略，从字面上解释是指经营与销售。一个好的促销策略往往可以发挥多方面的作用，通过人员销售、广告、公关、促销等各种促销手段传递汽车产品信息，吸引大众的注意和兴趣，激发消费者的购买欲望和购买行为，达到扩大销售的目的。

教师准备

教师在正式授课之前，应当做好如下准备：

- 准备上课的教学课件与辅助教学资料，制定学习任务与课前任务并下派到每一个学习小组，要求学生做好课前预习
- 对教学课堂的阶段进展与教学实施方法进行设计，建议采用工作站教学法，准备好工作页，每个小组轮换完成学习

学生准备

学生在正式上课之前，应当做好如下准备：

- 在课前预习老师安排的教学内容，完成老师安排的学习准备
- 准备好需要向老师提出的本项目范围内的问题

4.1.1 促销活动方案策划

> 如何成功举办汽车促销活动？

1. 汽车促销策略

汽车促销策略是指企业如何通过销售、广告、公关、促销等各种手段向消费者传递汽车产品信息，吸引大众的注意和兴趣，激发消费者的购买欲望和购买行为，通过促销活动达到扩大销售的目的。汽车促销的作用是引导经销商更加积极地分销产品，提高经销商的品牌忠诚度，发掘新的客户。如果要确定最佳的汽车促销组合，需要确立汽车促销目标，因为促销目标是制定促销预算、选择促销方法和设计促销组合的重要前提。汽车促销的目标必须有针对性，在一定时期内的目标有多种选择。

汽车4S经销商将迎合客户需求的产品以正确的地点和正确的价格投放到目标市场。此外，目录、公告、赠品、商店标签、展示、演示、展览等也是促销策略的一部分。一个好的促销策略往往可以发挥多方面的作用，如及时提供信息和指导客户采购，激发潜在客户的购买欲望，使产品特征让更多的人知道，增强产品需求，建立起产品在大众心里的形象，保持市场份额，巩固市场地位等。

(1) 人员推销 人员推销是最古老的销售方式之一，即公司的全职或兼职销售人员直接向潜在买家进行销售活动。人员推销不是为了推销产品本身，而是为了提升产品的使用价值和实际效益。客户不是购买产品实体本身，而是购买某种满足感。销售顾问不是销售简单的产品，而是销售可以解决某些问题的方案，能够成功地将产品解释并使客户满意，是确保销售有效性的关键因素。人员推销要求销售人员具有良好的政治素质、专业素质和心理素质，以及吃苦耐劳、坚韧不拔的工作精神和毅力。

汽车产品销售主要有两种形式：

1) 上门销售：上门销售的优点是销售人员可以根据每个用户的具体兴趣特点介绍相关情况，并且容易立即处理。

2) 会议销售：会议销售具有集团推广、接触面广、集中销售、成交量大的特点。此外，公司可以在会议中召开一个小型会议，并与客户进行全面联系。

(2) 广告 广告促销就是通过广告手段达到促销的目的。从宣传方式上分为硬广告和软广告。广告的使用可以使广大客户对公司产品、商标、服务等有一定了解并产生良好的印象。广告的特点是可以使经销商售卖的产品得到广泛传播，容易对消费者心理和观念产生影响，并具有持久的效应。硬广告是指在报纸、杂志、电视、广播等传统媒体上看到和听到的广告，纯粹的产品广告是硬广告。那些在媒体上发布或广播的，看起来像新闻但不是新闻的，不像广告的广告被业界称为软广告。例如，在发布的软文中插入关于产品的信息等。

(3) 公共关系 公共关系是指企业为改善与社会公众的关系，促进公众对企业的认识、理解及支持，达到树立良好组织形象、促进商品销售的目的而进行的一系列公共活动。它本意是社会组织、集体或个人必须与其周围的各种内部、外部公众建立良好的关系，利用公共关系维护和宣传、展示品牌形象，促进产品销售。公共关系的主要功能是信息收集、沟通、咨询、协调和指导。公关促销不是促销某一特定产品，而是利用公关向公众传达公司的经营目标、经营理念、政策措施等，使公众能够充分了解公司，拉近企业与公众的关系，扩大公司的声誉，为公司创造一个和谐、友好的营销环境，间接促进产品销售。汽车营销公关的主要工具包括公开出版物、公关事件、新闻传播、公关演讲、公益活动、形象识别媒体等（表4-1）。

表4-1 汽车营销公关的主要工具说明

序号	广告媒介	相关比较说明
1	公开出版物	报刊广告是报纸和刊物媒介进行广告宣传的广告形式。之所以称为报刊广告，是因为中国近代报纸和刊物很多是融在一起，报纸和杂志尚未严密区分开来，报刊广告是报纸和初期杂志刊物广告的笼统称谓
2	公关事件	事件营销是企业通过策划、组织和利用具有新闻价值、社会影响以及名人效应的人物或事件，吸引媒体、社会团体和消费者的兴趣与关注，以求提高企业或产品的知名度、美誉度，树立良好品牌形象，并最终促成产品或服务销售目的的手段和方式。事件营销是近年来国内外十分流行的一种公关传播与市场推广手段，集新闻效应、广告效应、公共关系、形象传播、客户关系于一体，为新产品推介、品牌展示创造机会，建立品牌识别和品牌定位，形成一种快速提升品牌知名度与美誉度的营销手段
3	新闻传播	新闻媒体营销是运用新闻为企业宣传的一种营销方式。新闻营销在营销活动中有效综合运用新闻报道传播手段，创造最佳传播效能。新闻营销通过新闻的形式和手法，多角度、多层面地诠释企业文化、品牌内涵、产品机理、利益承诺，传播行业资讯，引领消费时尚，指导购买决策。这种模式非常有利于引导市场消费，在较短时间内快速提升产品的知名度，塑造品牌的美誉度和公信力 新闻营销指企业在真实、不损害公众利益的前提下，利用具有新闻价值的事件，或者有计划地策划新闻营销、组织各种形式的活动，借此制造新闻热点来吸引媒体和社会公众的注意与兴趣，以达到提高社会知名度、塑造企业良好形象并最终促进产品或服务销售的目的
4	公关演讲	公关人员和经销商领导人鼓动性的演讲能创造汽车经销商和汽车产品的知名度，大大推动汽车产品的销售。经销商负责人应经常通过宣传工具圆满地回答各种问题，并在销售会议上演说，树立汽车经销商良好的品牌形象。公关演讲需要演讲者具备特别出色的口才、大众形象与语音的磁性魅力，否则效果不佳
5	公益活动	公益营销就是以关心人的生存发展、社会进步为出发点，借助公益活动与消费者进行沟通，在产生公益效果的同时，使消费者对企业的产品或服务产生偏好，并由此提高品牌知名度和美誉度的营销行为。这个定义突出了公益营销的本质是"营销行为"，从而与单纯的慈善活动划清了界限。企业开展公益活动应该从利人与利己两方面考虑。一个良好的企业需要有出色的利润与良好的公众形象，企业不能只顾自身利益而忽视社会效益，也不可能不顾自身利益用企业的钱去盲目回馈社会
6	形象识别媒体	通过经销商的持久性媒体，广告标识、文件、招牌、企业模型、业务名片、建筑物、制服标记等来创造一个公众能迅速辨认的视觉形象，赢得目标消费者的注意。使企业在利益关系公众中树立稳固的心理地位，使其对企业有较好的评价，产生认同感和归属感，从而便于企业进行产品推广、市场扩张和培养忠诚客户，为企业市场目标的实现和长远发展营造宽松的社会环境

(4) 营业推广 营业推广又称促销，是指不同于销售、广告和公共关系的销售活动。它旨在激励消费者购买和提高经销商的效率，如展示、巡展和展览表演，以及许多非常规、非经常性的销售尝试。促销实际上是一种对购买者有利的业务，它可以大大提高广告效果，提高公司产品的品牌忠诚度，从而达到扩大公司产品销售的目的。在推出新产品的时候，由于商业促销的强烈刺激，更容易吸引客户的注意，使得客户可以在了解产品的基础上进行购买。营业推广还可以奖励对品牌忠诚的客户，如以销售激励、优惠券促销作为人员推售和广告的补充手段，包括优惠券、彩票、折扣、津贴等，可以鼓励现有客户购买新车。

2. 汽车促销活动方案策划

在选择汽车促销工具时，需要考虑各种因素：汽车营销环境、目标市场的特征、竞争对手的地位、促销的对象和目标、每种工具的成本效益预测。

用于消费市场的促销工具主要包括分期付款、汽车租赁销售、汽车置换业务、销售点展示和产品演示、免费试用、赠品和奖励。用于汽车销售的促销工具包括直接降价、承诺价格差异、赠送油票、赠送礼品、汽车保险、礼品卡、各种宣传活动以及促销商务和销售人员，如贸易展览会、销售顾问竞赛和具体的广告等等。

销售顾问汽车促销的主要工作包括确定目标→选择工具→制定方案→预试方案→实施和控制方案→评价结果。

汽车促销计划编制流程见表4-2。

表4-2 汽车促销计划编制流程

序号	流程	内容
1	活动计划摘要	说明建议计划的简略概要
2	当前营销状况了解	市场、产品、服务、行业及竞争状况，与宏观环境有关的背景数据和资料
3	SWOT分析	概述主要的机会和威胁、优势和弱势，以及在计划中必须处理的车辆所面临的问题
4	销售预测	销售量、市场份额、利润等方面的预测
5	目标确定	销售量、市场份额、利润、形象、客户服务等方面的目标
6	策略制订	为实现计划目标而采取的主要营销策略、方法和措施
7	计划的编制	各类计划的编制，包括行动方案。明确应该做什么？谁来做？什么时候做？需要多少成本？
8	预计损益表	统计计划所预期的财务收益情况
9	控制	说明如何监控该计划

营销现状分析是非常重要的营销活动环节，也是市场开发的第一步。只有通过周密的调研和分析，才能明确市场机会，从而为战略定位及营销策略提供决策依据。分析内容包括外部因素和内部因素：外部因素包括营销环境、消费者、竞争者、行业；内部因素即4S店自身。

4S店的自身评价包括服务评价（4S店的服务实力）、经销品牌、现有车辆的优缺点（价格、性能、品牌）、4S店的财务实力、市场占有率与市场地位、4S店形象、广告费用与密度、广告与促销的回馈效果、社会关系等,关于 4S 店市场营销分析可以利用 SWOT 分析表来协助决策,见表 4-3。

表 4-3 4S 店 SWOT 分析表

SWOT	说明
S-strength 优势	本经销商与其他经销商相比所具有的独特的优点与长处。如服务方便等
W-weakness 劣势	本经销商与其他经销商相比的不足之处,如价格较贵、交通不便等
O-opportunities 机会	整个市场环境给本经销商提供了哪些机会。如政府的扶持
T-threats 威胁	整个市场环境对本经销商不利的情况,如竞争者产品多且攻势强,市场占有率大

不同档次的汽车产品应采取不同的促销组合策略,汽车促销主要吸引三种人:使用公司产品的人、使用其他品牌的人和没有使用过汽车产品的人。应根据市场的规模、类型和潜在消费者的数量,使用不同的促销组合方法,见表 4-4。

表 4-4 市场促销方法选择

市场类别	促销方法
规模大	多以广告为主,辅之以公共关系宣传
规模小	以人员促销为主
消费者多,市场零散	应以广告为主,辅之以销售促进、公共关系宣传
用户少、购买量大	人员促销为主,辅之以销售促进、广告和公共关系宣传
潜在消费者多	应采用广告促销,有利于开发需求
潜在消费者少	采用人员促销,有利于深入接触汽车消费者,促成交易

汽车产品生命周期见表 4-5,阶段不同,促销目标也不同,因而要相应地选择、匹配不同的促销组合。

表 4-5 汽车产品生命周期

生命周期	阶段性促销方法
导入期	多数消费者对新产品不了解,促销目标是使消费者认知汽车产品,应主要采用广告宣传介绍汽车产品,选派促销人员深入特定消费群体详细介绍汽车产品,并采取展销等方法刺激消费者购买
成长期	促销目标是吸引消费者购买,培养汽车品牌偏好,继续提高汽车市场占有率,仍然可以广告为主,但广告内容应突出宣传汽车品牌和特色,同时也不要忽略人员促销和销售促进,以强化产品的市场优势,提高市场占有率
成熟期	促销目标是战胜竞争对手、巩固现有市场地位,须综合运用促销组合各要素,应以提示性广告和公共关系为主,并辅之以人员促销和销售促进,以提高汽车企业和汽车产品的声誉,巩固并不断拓展市场
衰退期	应把促销规模降到最低限度,尽量节省促销费用,以保证维持一定的利润水平,可采用各种销售促进方式来优惠销售汽车存货,尽快处理库存

完整的客户关怀活动,从促销活动的计划开始到活动的结束要经过一系列步骤来推进,以确保活动的可执行性和有效性。促销活动计划组织一般包括以下步骤:预先选题、制定活动框架、确定可行性、费用预算、活动审批、活动人员安排、明确实施规则、过程监控、活动总结,见表4-6。

表4-6 促销活动计划组织实施步骤

序号	步骤	工作内容简要说明
1	确定选题	每个活动都要经过周密的准备阶段。作为活动策划人,一定要走在时间的前面,提前规划好下个阶段的活动。中小型的活动要提前一个月左右开始策划,大型的、涉及外部合作的活动往往两三个月甚至更早就要开始准备。应考虑到至少一两个月以后的天气、节日等,提前做策划,在几个可能的方案中选择活动主题。活动内容根据主题确定,活动成功的前提就是内容要有吸引力,包括打折、免费赠送、尝试享受服务等,都是吸引目标人群必不可少的手段
2	调研	通过问卷、网络调研等手段对活动的主体进行分析
3	设定活动框架	活动主体框架的搭建要注意两个方面,一是活动有明确的主题,各项活动密切围绕主题策划开展;二是各项活动策划应以客户体验为中心,对客户有足够的吸引力
4	确定可行性	梳理活动的大框架,确认各个环节在执行中都是有资源支持的,确实能落实的。把活动大框架的各个环节所需资源逐一确认,才能保证方案可以落实执行。要注意选址,一般定在本汽车4S店卖场外的广场或周边社区内,注意现场要有足够的活动空间
5	费用预算	汽车4S店根据调查分析策划活动方案,进行投入产出分析,做好活动预算。在主体活动框架确定后,逐项确认各环节所需费用预算,详细核算各项支出费用总额
6	活动报批	活动框架和各项预算明确后,活动负责人编制报告,按照各专卖店自己的文件格式,报专卖店领导审批,批准后开始执行
7	活动人员安排	①安排足够数量的促销服务人员,并佩戴工作卡或绶带,便于识别和引导服务 ②现场要有一定数量的秩序维持人员 ③现场咨询人员、促销人员既要分工明确又要相互配合 ④安排应急人员
8	明确执行细则	把活动分成不同的工作小组,各小组分别承担相应职责,贯穿活动全过程,同时明确各项工作完成的时间和完成的标准
9	过程监控预案	活动细则编制完成后,召集全体工作会议,会上宣传贯彻活动的主体框架、各环节内容和注意事项、各模块负责人和承担的责任等,让所有参与活动的人员都明白自己要做什么。随后,活动负责人要密切跟踪各模块的工作进度,按照时间节点和工作标准完成任务,确保各项准备工作按期完成。进度迟缓的重点跟踪,协调资源,避免耽误整体进度。活动组织过程中,负责人要全程跟踪,重点关注客户接触点的环节,确保活动过程良好的客户体验。现场接受各模块负责人的反馈,有不足的地方也可以及时发现调整

（续）

序号	步骤	工作内容简要说明
10	活动现场布置	活动现场布置得好，可以使活动进行得有条不紊，增加活动气势和氛围，吸引更多人参与。以下物品是在大型活动中所必备的 ①足够的展示车辆 ②写有活动主题的大型横幅或热气球、充气拱门等 ③突出产品形象和活动主题内容的大幅展板和背板 ④挂旗、桌牌、大幅海报、宣传单 ⑤咨询台、赠品（礼品）发放台、销售台等
11	活动现场执行	在进行活动策划时，需要注意掌握现场执行要点 ①工作人员提前到达现场，各就各位 ②宣传人员派发宣传单，介绍活动和产品，引导客户至销售台 ③掌握好活动节奏，维持好现场秩序，防止出现哄抢和其他意外，以免造成负面效应 ④促销人员准备销售事项，介绍销售产品 ⑤赠品在规定时间发放，不宜太早或太晚，发放时登记个人资料并签字 ⑥主持人宣布活动结束 ⑦现场销售台继续销售 ⑧现场清理，保留可循环物品以备后用
12	活动总结评估	进场台次、服务产值、促成销量、客户的满意度、活动的成功与改进、问题分析、活动总体效果评估等 {见下表}

控制点	主要工作内容评价
促销前	①促销宣传单、海报、促销卖点广告工具是否发放和准备妥当 ②所有人员是否均知道促销活动即将实施 ③促销商品是否已经订货或进货 ④促销商品是否已经通知电脑部门变价
促销中	①促销商品是否齐全、数量是否充足 ②促销商品是否变价 ③促销商品陈列是否具有吸引力 ④促销商品是否张贴POP广告 ⑤促销商品品质是否良好 ⑥所有人员是否均了解促销期限和做法 ⑦气氛是否更加活跃
促销后	①过期海报、POP、宣传单是否均已拆下 ②商品是否恢复原价 ③商品陈列是否调整恢复原状

4.1.2 品牌化建设与宣传

> **怎样做好品牌化建设与宣传？**

品牌建设是指策划、设计、宣传和管理品牌的行为过程，品牌建设包括品牌资产建设、信息化建设、渠道建设、客户开发、媒体管理、品牌搜索管理、市场活动管理、口碑管理、品牌虚拟体验管理。参与到建设中的内容包括用户、渠道、合作伙伴、媒体，甚至竞争品牌等所有接触点，从品牌影响到用户的口碑、评价和宣传，从品牌溢价到提高满意度，改善品牌形象，提高品牌价值，等等。

品牌是无形资产，具有凝聚力和扩散力，能成为经销商经营发展的动力。品牌建设应以诚信为本，以产品质量和产品特征为核心，培养消费者的信誉认可，使经营的产品具有市场占有率和经济效益。品牌建设包括品牌定位、品牌规划、品牌形象、品牌主张和品牌价值观等。

对于汽车售后服务市场而言，服务是一个过程，服务消费是一个过程消费。服务在流程中被感知，客户参与服务流程，因此流程也是区分服务的重要因素。服务过程是服务品牌的核心，是形成客户对服务品牌印象的重要途径。

企业可以通过一系列的沟通手段来塑造品牌形象，因为物质产品的消费是消费的结果，客户通常不参与产品的生产，而生产过程中的产品可以作为营销、沟通的良好基础。然而，在服务环境中，服务的过程性、规划与管理服务过程成为品牌的核心，对外通过媒体进行传播。一个优秀的服务品牌能够起到展示服务内容、质量和价值的作用。现代服务品牌的角色已经转移到为客户提供和创造更高的消费者价值。创建和推广服务品牌的过程也是从被消费者认可到被消费者接受，再到被消费者欢迎和信任的过程。

汽车4S店建设服务品牌应设计科学合理的战略规划和切实可行的实施方案。汽车4S店作为汽车制造商的分销公司，处于汽车产业链的前沿，是连接汽车制造商和消费者的桥梁。每一天都直面消费者，在服务品牌建设的过程中，工作的核心就是为客户提供优质服务。汽车4S店服务品牌的核心是从售前、销售到售后，能够真正为消费者提供全方位的优质服务，要打造服务品牌，要树立强烈的服务意识，建立起卓越的品质和苛刻的服务，并能被消费者所认可。

提供完善的服务是品牌产业链上各企业的共同目标，但服务品牌意识薄弱会制约和影响服务品牌的建设和发展，很少有管理者从意识的深度来评价服务战略，缺乏完善的实施方案，缺乏永恒的实践精神，缺乏全方位的有效控制管理，更难以树立服务理念。4S店领导和中高层管理人员不仅要深刻理解服务品牌和系统知识的重要性，还要使公司的经销商具有服务品牌意识和系统知识。可由4S店总经理统一调动全体员工，调动大家的一般理解，统一思想，了解服务品牌，营造以客户为中心的质量服务。汽车4S店达到高质量的服务水平可以体现为汽车销售过程中的一整套服务指标，包括售前服务指标、销售服务指标和售后服务指标。

客户的最高价值是公司从客户角度提供的产品或服务的价值。这个价值是由客户决定的。

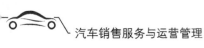

客户价值也是客户的感知价值,它是客户得失之间的权衡。随着技术的发展和时代的变化,客户对产品或服务的期望越来越高。因此,产品和服务的供应商只有以客户为导向,为客户提供超越竞争对手的价值,才能赢得客户并维持客户,才能获得持久的竞争优势,为了打造一个服务品牌,4S 店必须增加客户的感知价值。汽车 4S 店的优质服务是客户的一种感受和经验,实施优质服务的关键是加强有形证据在优质服务中的作用,需求的一致性、价格的合理性、服务的适用性、关系的紧密性是决定客户感知服务水平的主要因素。因此,提供的服务应符合客户的期望并能满足他们的期望,为客户提供最个性化的服务。

价格的合理性一直是客户关注的,对于汽车 4S 店来说,由于同一城市存在多家 4S 店,4S 店之间的竞争非常激烈。消费者在买车前肯定会广泛调查,市场上车辆的价格可以清楚地了解到。在售后服务价格方面应公开透明,让客户知道每个服务项目的收费标准。汽车 4S 店提供的个性化服务能满足客户的需求,但个性化服务不能抹杀服务应有的功能。如汽车 4S 店不能为了给客户提供个性化的通知服务,而每隔一天向客户发送一条短信,这会引起客户的反感,从而抹杀了服务应有的功能。完善的服务是汽车 4S 店的追求,也是客户的乐趣。让客户满意是提高客户对 4S 店服务品牌满意度的刺激因素。如果提供了最好的服务,却不能让客户满意,就不能算达到优质服务的效果。让客户满意,就要急客户所需,要能让客户觉得自己的花费物有所值。

在竞争和产品同质化的背景下,4S 店应该关注客户期望的数据,认真听取客户的反映和建议并修改服务战略。汽车 4S 店要想依靠优质服务取胜,仅仅做到服务要求是不够的,还必须不断创新服务,从被动适应到主动关怀,积极寻求客户的期望。了解不同客户群体的需求,识别客户期望,制定超越这些期望的战略。

汽车 4S 店的服务是一个系统,包括服务前端(销售和售后)和服务后端(服务支持系统)两部分。服务的前端是可见的部分,服务人员联系并提供客户以服务。在服务系统中,后端是客户看不到的部分。系统内还设有前端服务配送系统,包括 4S 店铺服务设施、服务环境、服务人员和服务生产。这是一个巨大的服务支持系统,以 4S 服务品牌概念和战略为核心,包括汽车销售公司经销商的整个服务流程和运营规格、组织结构、人员配备、员工培训和激励的支持体系。汽车 4S 店没有这种后端支持系统的支持,前端服务就不能令人满意地执行。要想创建好服务品牌,管理者要从战略层面和管理层面设计客户需求、服务定位、服务概念、服务过程规范和服务操作标准,理顺各种服务管理环节,有效整合企业资源,为前端服务提供强有力的支持,充分调动和利用经销商的资源,才能发挥巨大的威力。

服务战略管理是为汽车 4S 店制定明确的服务策略的系统工程。主要包括以下几个方面:
①理解 4S 店的愿景和使命。
②定义 4S 店在客户服务上的方向。
③提出 4S 店在客户服务上的口号。
④建立客户服务的价值观念。
⑤确保 4S 店客户服务成为所有部门的一项关键职能。
⑥就客户服务的愿景和标准进行沟通。
⑦提升 4S 店服务管理部门的地位,必要时适当地调整 4S 店的组织结构。

⑧明确提出4S店管理服务化理念。

为了明确这些战略措施，服务战略管理项目的规划需要汽车4S店高层领导的参与以及战略团队的建立。完成上述战略程序，公司经销商可通过以下方式与公司所有员工沟通：

①召开小组会议，沟通服务的愿景。

②把客户服务的愿景和标准印刷成海报、简报、横幅、内刊等形式，进行宣传。

③举办一些4S店企业文化宣传活动，有效传递客户服务的理念。

④在4S店挖掘一些客户服务的典型事例进行宣传。

⑤在一定的时间段里评选一些榜样人物。

⑥设计好服务的标准和操作流程。

在塑造服务品牌的过程中，需要不断提升汽车4S店服务品牌的传播能力，有必要进行有效的服务品牌传播，通过广告、营销活动、公共关系、人际传播以及各种传播工具和各种传播策略在内外部目标受众之间展开一系列传播活动，保持品牌与消费者以及其他利益相关者之间的积极关系，促进目标受众对品牌的理解、认可、信任，帮助目标受众建立对服务品牌的基本认识与深层认同。因此，应重视沟通与整合资源的重要性，注意整合和提高4S店服务营销传播、广告传播、公关传播和危机传播管理这四种主要传播手段的能力。将增值服务理念运用于服务品牌的塑造与传播，可以快速提升服务品牌在客户眼中的形象。如果客户对汽车服务的感知达到或高于预期水平，客户将获得更高的满意度。

4.2 实践训练

	实训任务	策划制定店庆活动方案
	实训准备	可上网的电脑、白板笔、白板纸、移动白板
	训练目标	掌握策划、制定店庆活动方案的方法与实施技巧 掌握营销活动的策划能力
	训练时间	90min
	注意事项	每一位同学都应当积极发言，能够在讲台上清晰地回答出老师提出的问题

任务 策划、制定店庆活动方案

任务说明

请策划制定一份建店开业 10 周年的店庆让利促销活动方案。

实训组织与安排

教师活动	• 指导学生收集相关信息并制定店庆活动方案 • 对学生的成果展示进行点评
学生活动	• 按照任务中的要求填写出要求完成的内容 • 积极参加老师的实训安排，在规定的时间内完成店庆活动方案制定 • 组员之间应能积极沟通交流学习心得与经验，互帮互助

任务操作

序号	工作策划步骤	内容
1	店庆的主题	
2	预期目标	
3	店庆目的	
4	时间的选择	
5	活动资料准备	
6	物料准备	
7	迎宾、签到、入场设计	
8	会场布置	
9	活动内容与流程安排	

4.3 探讨验证

教师活动	• 组织学生对实训结果进行汇总，形成报告让学生在讲台上对小组成果进行展示与总结。再针对深层问题，引导学生进行问题探讨
学生活动	• 在课堂上积极回答老师的提问与问题讨论，将小组完成的调研报告对大家进行讲解，并完成老师提出的问题探讨

问题探讨	
1. 如何提高客户的到店率？	
2. 提高客户转化率的方法有哪些？	

4.4 项目小结

本项目的学习目标你已经达成了吗？请通过思考以下问题的答案进行结果检验。

序号	问题	自检结果
1	什么是汽车促销策略？汽车促销的作用有哪些？	
2	什么是公关促销？汽车营销公关的主要工具有哪些？	
3	营业推广的特点有哪些？	
4	汽车促销时需要考虑哪些因素？	
5	促销活动策划有哪些步骤？	
6	什么是品牌建设？	
7	品牌建设包含了哪些内容？	
8	什么是客户的感知价值？	
9	什么是汽车4S店的服务前端与服务后端？	
10	汽车4S店的服务主要包括哪几个方面？	

项目练习

单项选择题：

1. 汽车促销策略是指通过（　　）等手段传递汽车产品信息，吸引大众购买欲望。
   A. 人员销售、广告　　B. 公关、促销　　C. 广告、促销　　D. 以上都对

2. 公共关系的主要功能是（　　）。
   A. 信息收集、沟通、咨询、协调和指导
   B. 利用公关向公众传达公司的经营目标、经营理念、政策措施
   C. 为公司创造一个和谐、友好的营销环境，间接促进产品销售
   D. 以上都对

3. 汽车营销公关的主要工具有（　　）。
   A. 公共出版物、公关事件、新闻传播等
   B. 公关演讲、公益活动、形象识别媒体等

C. 公关事件、公关演讲、公益活动等

D. 以上都对

4. 客户价值的最高价值是（　　）。

　　A. 吃亏是福　　　　　　　　　　B. 公司从客户角度提供的产品或服务的价值

　　C. 最大限度满足客户的要求　　　D. 以上都对

5. 4S 服务品牌战略包括（　　）。

　　A. 汽车销售公司经销商的整个服务流程和运营规格、组织结构、人员配备、员工培训和激励的支持体系

　　B. 从战略层面和管理层面设计客户需求、服务定位、服务概念、服务过程规范和服务操作标准

　　C. 以 4S 服务品牌概念、战略与员工价值为核心

　　D. 以上都对

问答题：

促销活动策划步骤有哪些？

思考与讨论：

1. 汽车 4S 店服务策略主要包括哪几个方面？

2. 客户价值体现在哪几个方面？如何提升客户价值？

项目五　大客户市场营销

学习目标

完成本项目的学习后，能够达到以下目标：
- 掌握大客户渠道开发方法与技巧
- 掌握大客户营销策略与技巧

5.1　基础知识学习

大客户销售是指专门为政府、机关单位、集团、企业等大客户展开的销售服务。由于大客户资源较少，通常是竞争非常激烈的销售真空地带，对销售人员的素质、技能的要求非常高。接近客户、与客户沟通并与客户建立良好的关系的能力、掌握的知识和信息的质量将是决定其销售是否见成效的重要因素，必须具备的心理分析、策略制定、销售技巧和过程运作等能力的充分发挥，缺一不可。本项目将重点介绍大客户开发与营销的方法。

教师准备

教师在正式授课之前，应当做好如下准备：
- 准备上课的教学课件与辅助教学资料，制定学习任务与课前任务并下派到每一个学习小组，要求学生做好课前预习
- 对教学课堂的阶段进展与教学实施方法进行设计，建议采用工作站教学法，准备好工作页，每个小组轮换完成学习

学生准备

学生在正式上课之前，应当做好如下准备：
- 在课前预习老师安排的教学内容，完成老师安排的学习准备
- 准备好需要向老师提出的本项目范围内的问题

5.1.1 大客户渠道开发

? 大客户开发的渠道有哪些?

1. 大客户业务特征

所谓大客户,是指占领市场、引导消费观念、具有战略意义的客户。狭义的大客户是指已经积累了一次或多次,并且已经大批量购买产品的客户。广义的大客户是指对品牌和某一地区的销售具有极其重要和深远影响的客户,又被称为重点客户、主要客户、关键客户、优质客户等。简单来说是指那些对企业而言占其客户总体数量比例不高,但采购数额却占了企业整体营业额的大部分,或具有盈利潜力客户。这类客户关注采购汽车的附加价值多于价格,对于车辆的采购通常需要批量招标,对企业有较好的忠诚度,传承并认可企业文化,并愿意和企业建立长期合作关系。招标的方式有公开招标、邀请招标、询价采购竞争性谈判、单一来源采购。大客户的类型见表5-1,特点是购买数量大、持续周期长、品牌忠诚度高,具有市场消费引导作用,是企业获得长期利益的资源。

表5-1 大客户类型

客户类型	客户类别说明
单位客户	属于法人用户,既是购买者又是使用者,大型企事业单位,如行业集团公司、租赁公司、旅游公司、客运公司、外资企业、私营企业,以及各级政府和单位等
政府采购	省、市采购中心。即各地政府机关部门上报计划采购车辆,由采购中心负责执行招标或采购
系统采购	如部队、公安、海关、总装、国管局、中直、银行等。即国家直属机关或系统集中采购,再将车辆分配到下属各部门、地区使用
用车改革用户	政府及国资委等企业,即以政府单位或行业为实体,因用车制度改革而由其内部职员或员工统一购车

大客户销售常用的方法主要有研讨会、论坛、技术交流、商务活动、登门拜访、电话销售、参观考察、礼物、顾问服务等。大客户开发的整个过程分为客户开发、销售进入、提案、投标、商务谈判和工程实施六个环节,大客户开发最关键的是把握好客户的需求。如图5-1所示,客户需求产生有八个阶段。

图5-1 客户需求产生过程

客户需求的八个阶段解析见表 5-2。

表 5-2 客户需求解析

需求阶段	说明
满意阶段	客户确信自己不但没有需求，也没有任何问题，在他们的思想中，一切都是很完美的；还有一种可能，就是客户可能是说谎者
认识阶段	客户比较容易接受，他确实有些问题急待你来解决。不幸的是，他只是做好了准备，但此时他并不想做什么；人们不会注意小问题，只会处理大问题
决定阶段	对于小问题厌烦了，小问题积累到了一定的程度；小问题失控
制订标准阶段	寻找解决问题的过程；客户的问题决定了客户的需求；客户不是根据需要做决定，而是根据问题做决定，问题越突出，需求越强烈；需求越强烈，愿意为此支付的就越多
评价阶段	理性客户才会经历这个阶段；有标准才有可能有评价
调查阶段	验证自己的看法、观点和标准；验证销售人员以及供应商品质等
选择阶段	最敏感的阶段，担心自己做了错误的决策；销售人员能否影响客户决定客户以后的满意度
再评估阶段	购买者后悔；主动提醒客户

大客户的开发与维护是一项艰苦而又快乐的工作，艰苦的是前期金钱、时间、精力等大量投入，开发周期长，政府采购特殊的时间点见表 5-3；受到采购条件、国家或地方政策法规、决策群体等因素干扰多，造成了单车利润薄、维系成本高。但是更应该看到的是日益提高的品牌形象、经销店的知名度与影响力，还有经销店价值链方面的收益，最主要的是它可以为经销店营造一种"口碑效应"，增加了企业的无形资产。

表 5-3 政府采购特殊的时间点

预算编制通知时间	每年 9 月~10 月间下达下一年度政府采购预算编制通知，由各级财政厅（局）下达至各级预算单位
预算上报时间	每年 12 月底前上报本部门政府采购预算
预算审核批复时间	次年 1 月~3 月批准政府采购预算并下达 由各级人民代表大会审批通过
政府采购计划编制通知时间	每年 5 月底前下达本年度政府采购计划编制通知 由各级政府采购中心下达至各级预算单位
政府采购计划上报时间	每年 6 月底前上报本部门政府采购计划
政府采购计划调整时间	每年 10 月允许个别的部门调整一次年度政府采购计划
政府采购计划执行时间	每年 7 月~次年 4 月间为政府采购项目当年度执行时间

2. 政府采购流程

政府采购的程序如图 5-2 所示。

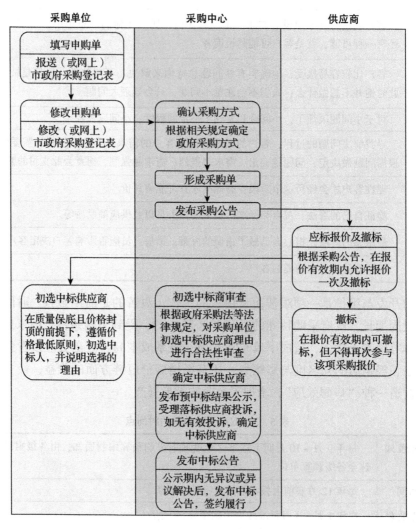

图 5-2 政府采购程序

3. 大客户市场开发

大客户市场开发首先标定的群体为大客户单位的关键人物，公关的关键人物应当具有决策权，通常为单位、机关或者公司的最高职务者或者具有一定影响力的采购部门关键人物。此关键人物在大客户单位具有一定的威信，能有效地组织相关群体参与活动，并对群体的购买行为产生一定影响，如商会主席、国有企业工会主席、办公室高管、企业高层管理人员、政府机关要员等。

大客户销售人员应经常与关键人物取得联系，了解对方的最新动态。关键人物也会根据其单位最终成交的额度，获得不同级别的企业产品购买优惠等。对于大客户的确定，一方面，需要以客户当前的和未来的价值作为细分变量,对客户进行分层分级,见表5-4~表5-7。

表5-4 根据利润贡献度划分客户阶层

阶层	说明
钻石阶层	利润贡献最高。他们也许是产品的重度用户,也许是小批量消费者。他们对价格并不十分敏感,愿意花钱购买,愿意试用新产品,对企业比较忠诚
黄金阶层	希望得到更多的价格折扣和更多的优惠条款。他们往往与多家企业而不是独家企业做生意,以降低风险
黄铜阶层	能够消化企业的产能,为企业带来规模经济或"人气",但他们的消费水平、忠诚度、利润贡献决定了他们不值得企业为他们提供特殊服务
重铅阶层	不能给企业带来盈利。他们的要求很多,超过了他们的消费支出水平和利润贡献对应的要求,有时他们是问题客户,消耗了企业的大量资源

表5-5 根据职能层次划分客户层次

阶层	说明
操作层	就是指直接使用这些车辆或者直接接触服务的客户。客户中直接接触产品和服务的人员,往往是最终的使用者。虽然他们不能在采购中做出决定,但是他们直接使用这些车辆,对于产品好坏最有发言权。他们数量很多,他们的意见也会影响采购的决定。操作层的满意程度最终决定了产品在这个客户内的占有份额。而且一些操作层的人有时也会参与采购,成为采购的直接影响者
管理层	他们可能不一定直接使用这些车辆,但是他们负责管理这个部门。对于中小型规模的采购,管理层可能就是采购的决定者。每个客户的组织机构都有一定的授权,一些采购需要签字就可以。对于大型的采购,采购牵扯的部门很多,管理层也担负着根据自己部门要求提出建议的权利,他们虽然不能决策,但是往往具有否决权
决策层	在采购过程中,他们参与的时间很短,但是每次他们参与的时候,就是来做决定的。客户内的主要领导者,制定发展战略、建立组织机构、优化运营流程是他们的主要工作。可以说任何采购都是基于他们的视野之内的一种投资。通过授权,他们将那些不重要的采购授权下属,如果愿意,他们始终都对采购拥有决定权。在采购中,他们将做出五个重要的决定:是否购买?何时购买?预算多少?最终选择哪个供应商?是否签署合同?

表5-6 根据不同部门划分客户层次

阶层	说明
使用部门	客户中使用产品和服务的部门,往往是采购的最初发起者以及最终使用的评估者,会参与整个采购过程
技术部门	往往负责采购的规划和投入使用后的维护。技术部门负责某个采购领域的规划,一些日常的采购往往直接由技术部门负责
采购部门	集中采购是客户减少采购成本的一种有效的方法,这样能够从厂商那里得到更多的优惠,不同行业的客户对于采购部门有不同的称呼,采购/财务部门往往负责依据采购指标进行比较评估和谈判

表 5-7 根据参与角色划分客户层次

角色	说明
发起者	提出采购建议的人,感受到一些严重的问题需要解决,故此提出解决建议。经常是使用部门,对于事关企业战略性的采购的发起者往往是决策层客户。可能是出自员工们的建议,也可能是决策者为了保留优秀员工而采取的策略。向潜在的采购发起者介绍自己的产品和服务带来的益处,往往可以带来新的订单
决策者	客户内部决定采购预算、是否进行、最终供应商的采购的负责人,是客户的高层领导
使用者	最终的使用者,他们参与采购的全过程,是采购的重要影响者之一。他们可能是采购的发起者或者设计小组和评估小组的成员。产品和服务最终是由他们使用的,因此他们在很大程度上决定着客户满意度
设计者	是指规划采购方案的人,设计者往往不止一个人,也许是一个小组。有的采购很简单,可以直接进行,但是大多数采购需要精心的规划和设计。设计者的职责是将采购动机变成采购指标
评估者	评估者是评估潜在供应商方案的人或者小组,他们也许是设计者,也许是另有其人。评估者将根据设计者提供的采购指标比较各个服务供应商的方案和承诺

考虑到大客户的特征与普通客户的区别,从客户的角度出发,为客户规划完整的终端解决方案通常是有效的。方案内容应包括客户的背景资料、现状和发展趋势,尤其要强调客户面临的发展机遇,调动起客户的希望。详细分析客户遇到的问题和挑战,要深入、透彻地介绍给客户的问题是什么,以及对客户前景带来的负面影响。解决方案包括方案概述、产品介绍、实施计划和服务体系四个部分,全面清晰完整地描述整个解决方案,重点阐述方案是怎么解决客户问题的。

相同的产品,每个人或部门有不同的视角,其判断是不同的。对大客户的判定与分类要准确(表 5-8),无论是综合大客户、专业大客户、协作大客户,还是潜在大客户,都必须明确界定;收集和改进大客户的基本资料,摸清楚大客户所在的行业、规模等,摸清大客户内部的报告线、决策线,甚至关键人物的个人资料,包括性格、兴趣、爱好、家庭、学历、年龄、能力、经历背景、同本企业交往的态度,等等。

表 5-8 大客户判定标准

客户类别	说明
法人用户	具有相当持续购买的能力,并在工作中有大量用车的要求 确认合同、销售发票开具的客户单位名称与行驶证是否一致
政府采购	经销店与采购中心签订的采购协议或合同 采取招标的形式,提供中标通知书,不进行招标的提供采购清单 提供销售发票复印件
系统采购	采取直接拜访,确认用户的需求 确认统一购买合同 通过客户发票确认是否为下属单位使用,并核对行驶证

(续)

客户类别	说明
车改用户	确认用户车改优惠政策 单位出具员工证明及公务员证明 确认购车框架协议单位名称是否相符 购车后提供发票复印件及行驶证复印件

4. 大客户市场开发的流程

销售是一门艺术，大客户看重的不是某一项产品的功能如何强大，而是需要一个整体解决方案，需要看到是否能够帮他解决工作中的难题，能够产生多大的效益。在对大客户的市场开发中，要有科学的态度并透过细节和过程提炼客户需求，制定一套标准的流程，形成可重复操作的销售方法。大客户市场开发的流程如图5-3所示。

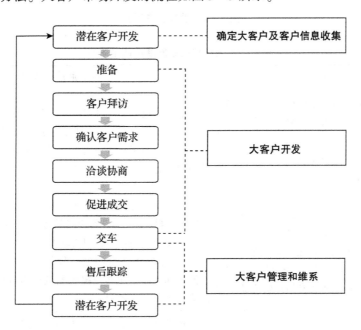

图5-3 大客户市场开发流程

在客户开发的过程中，不能因为保住大客户而放弃发展潜在客户，更不能因为一味发展潜在客户而忽略了大客户，潜在客户可以发展成为大客户，大客户也可能会因为自身的发展而变成小客户甚至离开，要保住市场，我们必须在维持现有客户关系的同时不断开发潜在大客户。

潜在客户开发如图5-4所示。

大客户信息的发掘，客户角色分析不同的应对策略，大客户业务关系构建中应当注意大客户关系发展的四个阶段，见表5-9。

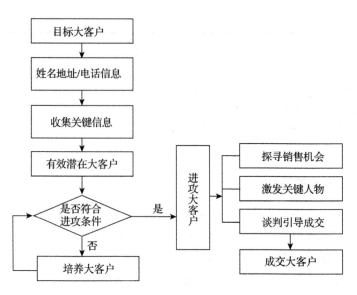

图 5-4 潜在客户开发

表 5-9 大客户关系发展的四个阶段

阶段	定义	标志活动和描述
认识	客户关系的第一个阶段,标志是客户能够叫出销售人员的名字。常见的销售方法包括电话和拜访,专业的销售形象和携带客户喜欢的小礼品可以增进客户好感	电话:通过电话与客户保持联系以促进销售 拜访:在约定的时间和地点与客户会面 小礼品:向客户提供礼品,礼品的价值在国家法律和经销商规定允许的范围内
约会	销售人员与客户产生互动,通常可以将客户邀请到第三方场所,是客户关系发展的第二个阶段。例如举行交流和座谈,邀请客户到经销商处参观、聚餐、运动或者参加娱乐活动	商务活动:简单的商务活动主要是指与客户吃饭、喝茶等 本地参观:邀请潜在客户或者成功客户来经销商处参观和考察 技术交流:在特定客户现场举行的销售活动,包括展览、发布会、演示会、介绍会等形式 测试和样品:向客户提供测试环境进行产品测试,或者向客户提供样品试用
信赖	获得客户个人的明确和坚定的支持,此时客户愿意与销售人员一起进行比较私密性的活动	联谊活动:与客户在一起举行的多种多样的商务活动,这些活动通常包括聚餐、宴会、运动、比赛、娱乐等 家庭活动:与客户的家人互有往来,参与客户私人活动或邀请客户参与客户经理自己的私人活动 异地参观:邀请重要客户进行异地旅游,参观活动 贵重礼品:在国家法律允许的范围内,向客户提供足以影响客户采购决定的礼品
同盟	客户愿意采取行动帮助销售人员进行销售,例如提供客户内部资料,牵线搭桥安排会晤等等,并在客户决策的时候旗帜鲜明地表示支持	穿针引线:客户乐于帮助销售人员引荐同事和领导 成为向导:向销售人员提供源源不断的情报 坚定支持:在客户决策的时候能够站出来坚定支持己方方案

大客户作为经销商极其重要和影响深刻的客户群,具有一次性和连续性购买的特点,对经销商的业务和发展有着较大的贡献度,但往往在大客户的销售过程中会出现一系列的问题,例如:对意向大客户缺乏项目细分、跟踪过程较为零散、需求了解不全面等。即使跟踪时间很长也不能够促成签单,就因为大客户的销售过程管理不够细致和完善,所以我们需要加强过程的管理。

大客户KPI管理:通过将销售流程中各个关键节点进行设置、取样、计算、分析,衡量整个销售流程绩效的管理方法。通过改善整个流程,使最终销量的提高成为自然而然的结果。大客户信息管理卡如图5-5所示。

大客户信息资料管理卡(正面)

编号:				建档日期: 年 月 日			建档人:	
公司名称				地址			邮政编码	
采购人员资料	负责人		电话		传真		手机	
			性别		职位		生日	
			电子邮件		兴趣爱好		最佳联系时间	
	联系人		电话		传真		手机	
			性别		职位		生日	
			电子邮件		兴趣爱好		最佳联系时间	
公司类别	□政府机关 □国有企业 □合资企业 □外资企业 □民营企业 □汽车租赁公司 □出租车公司 □旅游公司 □其他_____							
员工人数			购买政策	□公务车 □补贴员工购车 □其他_____				
购买要求	车型	预算来源		竞争车型		现有车型	车况	里程数	上牌时间
备注								

图5-5 大客户信息管理卡

大客户管理不仅是一种销售管理方法,更是一种客户销售的理念,在日常管理中非常重要,必须高度重视大客户的维系和管理。

①优先考虑确保大客户的供应充足。

②充分调动与主要客户销售相关的所有积极因素。

③新产品的试销应首先在大客户之间进行。

④关注大客户的所有动态,及时提供支持或协助。

⑤安排公司高级管理人员拜访主要客户。

⑥根据大客户的不同情况设计促销方案。

⑦征求大客户对营销人员的意见,确保渠道畅通。

⑧为大客户制定适当的激励政策。

⑨确保与大客户及时准确的信息传递。

⑩在主要客户和公司之间组织年度研讨会。

⑪评估客户,关注主要客户。

⑫跟踪和管理大客户的商业行为。
⑬花更多的时间拜访客户，定期回访（如派技术人员进行技术培训和现场维护）。
⑭相互提供客户资源和业务信息。
⑮协助客户扩大需求，为公司创造更多效益。

5.1.2 大客户营销策略

? 大客户营销有哪些策略？

大客户营销是一系列针对大客户的营销组合。营销的目的在于建立并维持公司大客户群中的长期认知价值和品牌偏好，通过企业与大客户之间存在的信息互动形成客户对品牌的认知和忠诚度。大客户不同于普通的消费者，通常是企业客户或渠道商。它们的价值相对较大，需要一对一进行客户管理和营销策略实施，以实现对大客户的最大价值挖掘与利用。

通过技术进步、工业设计、营销组合等来提高产品的附加值。其实质是提高信息的有效性，打破"信息不对称"，降低交易成本，开展有针对性的营销活动，建立和提高客户满意度，巩固企业与客户的关系。

客户满意不等于客户忠诚。客户满意是客户在消费后表现出来的一种心理满意度，而客户忠诚则是一种持续的交易行为，是促进客户再次发生购买的行为。衡量客户忠诚的主要指标是客户保持度，即企业和客户关系维系时间长度；客户贡献率指的是客户将预算花费在该公司的比率。根据统计资料显示，仅仅有客户满意是不够的，当有更好的经销商时，大客户可能会改变经销商。例如，在消费者产品满意度的调查中，44%的满意消费者仍然频繁更换品牌。在市场营销实践中，大客户对附加值的需求远大于对价格优势的需求。比如，他们欣赏特别的保证条款、更多的优惠、承诺、预先的信息沟通、客户定制化及有效的保养、维修和升级服务等。大客户是企业宝贵的客户资源，大客户的流失会给企业带来巨大的损失。企业为了维持与大客户的关系，往往要付出大量的成本，如建立专业化维修或销售基地、引进专业化设备、采用新的服务体系、重组企业结构等。

大客户营销新观念如图5-6所示。

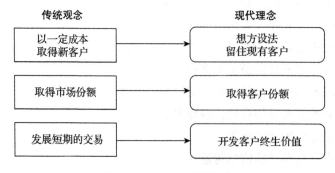

图5-6 大客户营销观念

大客户是实现企业利润和可持续发展的重要保障之一，通过各种形式的营销手段，能实现最大限度的促销，带来持续稳定的销售业绩。有许多类型的营销活动，具体方法包括促销会议、峰会论坛、新车会议、闭店销售、交流会议和公益活动等。下面简要介绍大客户营销推介会议活动的过程。主要客户市场推广活动的计划见表 5-10。

表 5-10 客户市场推广活动的计划

准备	活动内容	相关说明
方案/产品准备	内容客观性	客户需求是否已经完全掌握清楚了？有无未发现的？……
	内容合理性	方案/产品是否合理？有无更加科学和低成本的实现方式？……
	内容结构性	结构是否明确合理？结构是否太复杂而不容易了解？……
	内容严谨性	内容是否有错漏？实现流程是否正确？……
	内容重点性	中心思想/重点是否突出？是否能让客户一览无遗？容易理解？……
	内容利益性	客户期望是什么？重点利益表达是否清楚？是否从客户的角度考虑？……
	内容财务性	是否帮客户算了一笔账？……
	内容改进性	是否比客户现有的实现方式做出了大幅改进？成本、效率、影响……
	内容实施性	是否容易实施？是否容易监控？是否容易改进？……
	演示文件表现方式	是否易于演示？……
	发放文件表现方式	是否需要给受众发放详细的方案？装订是否合理？……
	图表表现方式	图表运用是否得当？是否过于简单或者过于花哨？……
	案例表现方式	案例选择是否有冲击力？是否可以说明问题？……
	辅助道具表现方式	是否用到终端？是否用到业务宣传单张？……
组织工作和辅助物品准备	场地	是客户场地，我方场地还是第三方场地？是否需要预订？是否需要布置？……
		面积大小？是否封闭？布局如何？灯光/光线如何？温度如何？音效如何？……
	设备	音响设备如何？现场是否需要 MIC？……
		有无投影仪？流明多少？是否需要自带？调试好了吗？……
		有电源插座吗？有插线板吗？电源孔能够满足要求吗？线够长吗？……
		桌椅摆放如何？是否可移动？有无明显的阻碍物？……
		有无空调设备和通风设备？有无会场指示/引导设备？……
	交通	到会场的交通状况如何？路程需要多长时间？如何到达会场？有无停车位？……
		如果有特殊情况，需要代为客户预订交通工具或者住宿吗？……
	时间	会议的时间是多长？客户与会的时间有多长？议题的时间分布是怎样的？……
		需要预留多长的研讨时间和提问时间？领导讲话和总结的时间？……
	辅助物品	需要海报吗？需要横幅吗？需要 POP（卖点广告）吗？……
		需要小礼品吗？需要业务宣传单吗？名片和经销商介绍准备好了吗？……
		需要激光笔吗？电池足够吗？需要手机终端辅助吗？有无备用电脑？……
		会场茶水？餐点？……
	费用预算	活动费用，嘉宾的出场费用，其他费用？……

（续）

准备	活动内容	相关说明
会议人员准备	客户参与者	多少人参与？什么部门？什么职位？哪几位是熟人？是否了解本项目？……
	客户关键人物	关键人物是谁？主要背景？是否了解本项目？看法是什么？能否拍板？……
		关键人物以前是否与我的同事接触过？接触人是谁？……
		客户参与会议是否还有其他目的？客户是否会后参观经销商？……
	我方（经销商）领导	是否需要参与？领导的级别是什么？……
	我方（经销商）项目成员	项目经理/行业经理、产品经理/技术支撑人员、客户经理？……
	合作方	合作方人员安排？……
	潜在客户	是否需要请潜在客户作为旁听者参与？……
	提案者	谁是开场致辞者？谁是结束总结者？……
		谁是方案/产品讲解者？谁是问题应答者？谁是记录者？谁是演示辅助者？……
		接待引导人员？茶水餐点服务人员？会场设备控制人员？……
会议过程准备	开始前	利用会前接触认识和了解参与客户……
	经销商简介	经销商基本资料、历史、殊荣、品牌、使命和理念……
		经销商的产品研发能力、服务和销售保障、行业客户案例……
		项目立项背景、客户的需求和要解决的问题（严重性）……
	对于客户需求的认识	我方的努力工作和项目进程……
		客户需求和期望的修正……
	再次确定会议内容和顺序	确定主要内容、顺序、时间分配（可以讨论）……
		了解客户现场的想法，以便调整计划……
	提案者自我介绍	行业经验、专业经验、本项目类似的工作经验……
		是否熟悉整个项目和方案/产品？能够忠实表达？能否参与讨论？……
	提案进程	"客户现状仿真"演示、"客户作业流程仿真"演示、对比说明……
		说明售后服务机制……
		自身的表达能力？亲和力？感染能力？逻辑思维能力？应变能力？……
	提案现场结束	是否遗漏客户的问题？过程中是否存在误导？是否存在不确定性？……
	会议结束	总结现场过程、有什么遗漏？客户满意吗？如何改进？……
		如何跟进？如何推动？如何执行？如何解决其中的关键问题？……
	结果评估	评估活动的效果，总结成果并将客户信息进行分类存档……

在会议中，销售方案的解说是否可以打动客户、触动客户的需求点，将直接影响到最终的交易能否达成，需要提前做好这方面的准备。提案的解说顺序见表5-11。

表 5-11 提案的解说顺序

序号	步骤	方法
1	开始	在客户面前讲话之前,销售人员应该与客户进行目光的交流,确保自己在每个人的视线之内,如果听众中有熟悉的客户或者重要的来宾,应该点头示意
2	吸引注意力	此时每个人的注意力都集中在你的身上,他们会通过你在1min之内的表现来判断你的价值。你必须有一个精彩的开场来抓住他们的注意力,可以讲一个意味深长的故事或者向他们提一个问题
3	表示感谢	在引出主题之后,客户经理应当对客户的参与表示欢迎和感谢
4	意义和价值	客户来听介绍,是希望能找到有价值的产品和服务或者解决方案,此时你应该简明扼要地介绍
5	内容简介	你在呈现中既要反复强调和说明自己的重点,又不要让客户觉得颠三倒四。呈现开始时的内容介绍和结束前的总结是非常好的重复自己重点的地方。前期的内容简介还可以帮助客户了解这次谈话的重点,使呈现更易于被听众理解
6	呈现主体	你可能花大多数的时间用于介绍主体内容,但不要在开始呈现时就跳到这一部分,因为此时客户还没有做好准备。在呈现中,尽量将内容归纳成三点到五点,如果有更多的内容,可以在这三五个要点下展开,并通过数据、精彩的故事来证明这些要点
7	总结	再次重复呈现重点,并很自然地将话题转换到最后一个重要的部分——激励购买
8	激励购买	此时你的呈现已经到了关键的时刻,你应该在结束呈现前,满怀信心地使用具有煽动性的语言鼓励客户立即做出正确的采购决定

面对大客户的营销是复杂的,主要表现在项目周期相对较长、项目中客户的决策者不是个人、涉及的销售额相对较大、潜在的竞争对手太多、复杂的人际关系处理等几个方面。在进行大客户营销前必须做好工作计划,制定大客户营销流程。

重点分析并确定哪些公司可以成为潜在客户。在大客户营销过程中,首先要分析客户的背景和现状,针对客户存在的问题确定销售目标,然后考虑并确定应采取的营销方法,拿出一份能够说服客户的解决方案并制订行动计划,再按照计划去实施。在大客户营销的过程中,营销人员需要知道谁是购买决策者,这些人有什么特点。清楚你的产品的优势。营销时,要注意可能出现的问题,并能临场解决问题,确保营销成功。

5.2 实践训练

	实训任务	车辆采购公关与谈判
	实训准备	可上网的电脑、白板笔、白板纸、移动白板

(续)

	训练目标	掌握大客户公关的常用技巧 掌握与客户沟通和谈判的技巧
	训练时间	90min
	注意事项	每一位同学都应当积极发言,能够在讲台上清晰地回答出老师提出的问题

任务　车辆采购公关与谈判

任务说明

请模拟大客户采购与谈判,做出详细的分析与谈判话术,并进行模拟演练。

实训组织与安排

教师活动	● 指导学生进行针对大客户车辆采购公关、谈判工作前的准备与分析并编写话术,安排学生分别扮演客户、业务接待员角色,进行对话演练,在分组的对练中注意角色的交换
学生活动	● 按照任务中的要求填写出要求完成的内容 ● 积极参加老师的实训安排,在规定的时间内完成方案的制定与谈判演练 ● 组员之间应能积极沟通交流学习心得与经验,互帮互助

任务操作

公司名称:				
负责人:	职务	电话	产品	价格
公司类别	□政府机关	□国有企业	□合资企业	□民营企业　□其他
员工数量:		□公务车	□补贴员工购车	□其他
购买需求	车型	预算来源	竞争车型	目标车型
客户问题点				
机会分析				
确定销售目标				
确定营销方法				
解决方案				
制订行动计划				
计划实施				
备注				

5.3 探讨验证

教师活动	• 组织学生对实训结果进行汇总，形成报告让学生在讲台上对小组成果进行展示与总结。再针对深层问题，引导学生进行问题探讨
学生活动	• 在课堂上积极回答老师的提问与问题讨论，将小组完成的调研报告对大家进行讲解，并完成老师提出的问题探讨

问题探讨	
在与大客户约见与会谈时有哪些比较好的方法？需要做好哪些准备工作？事后需要做好哪些工作？	
见客户时需要注意哪些细节上的问题？	

5.4 项目小结

本项目的学习目标你已经达成了吗？请通过思考以下问题的答案进行结果检验。

序号	问题	自检结果
1	什么是大客户？	
2	大客户营销常用的方法主要有哪些？	
3	大客户营销有哪些环节？	
4	政府采购有哪些时间安排？	
5	怎么分类大客户群体？	
6	大客户市场开发有哪些流程？	
7	接触或拜访客户前要注意哪些问题？	
8	什么是SPIN顾问式销售？	
9	客户市场推广活动计划包括哪些内容？	
10	大客户营销活动有哪些方法？	

项目练习

单项选择题：

1. 大客户是指（　　）。
   A. 集团公司、单位的董事长
   B. 占领市场、引导消费观念、具有战略意义的客户
   C. 负责采购的负责人
   D. 以上都对

2. 招标的方式有（　　）。
   A. 公开招标、抢标、围标招标
   B. 公开招标、邀请招标、围标招标
   C. 公开招标、邀请招标、询价采购、竞争性谈判、单一来源采购
   D. 以上都对

3. 大客户开发的整个过程分为（　　）环节。
   A. 客户开发、销售进入、提案、投标、商务谈判和工程实施
   B. 客户开发、培养客户感情、提案、投标、商务谈判和工程实施
   C. 客户开发、销售进入、提案、投标、验收
   D. 以上都对

4. 客户满意是（　　）。
   A. 客户忠诚度
   B. 产品的质量
   C. 客户在消费后表现出来的一种心理满意度
   D. 以上都对

5. 大客户识别的前提是（　　）。
   A. 将企业的所有客户细分，针对不同的客户采用不同的管理策略
   B. 客户要有绝对购买力
   C. 客户关系扎实
   D. 以上都对

问答题：

在接触或拜访客户时要注意哪些问题？

思考与讨论：

1. 大客户关系应当如何发展？

2. 大客户销售人员如何向客户介绍产品？

项目六　新车市场宣传推广

> **学习目标**

完成本项目的学习后，能够达到以下目标：

- 掌握市场推广调研的方法
- 掌握广告策划与投放的方法

6.1　基础知识学习

本项目学习的内容是汽车市场的宣传与推广。市场营销是指在不断变化和竞争的市场中，进行市场调研，了解市场趋势，把握市场机遇，规避和减少风险，做出正确的营销决策。为了向外界有效宣传公司和汽车产品的形象，吸引、激励和诱导消费者购买品牌汽车，广告和网络媒体特定传播是成功营销的关键。

> **教师准备**

教师在正式授课之前，应当做好如下准备：

- 准备上课的教学课件与辅助教学资料，制定学习任务与课前任务并下派到每一个学习小组，要求学生做好课前预习
- 对教学课堂的阶段进展与教学实施方法进行设计，建议采用工作站教学法，准备好工作页，每个小组轮换完成学习

> **学生准备**

学生在正式上课之前，应当做好如下准备：

- 在课前预习老师安排的教学内容，完成老师安排的学习准备
- 准备好需要向老师提出的本项目范围内的问题

6.1.1 市场推广调研

? 如何进行汽车市场调研？

汽车市场营销调研是运用科学的方法，有计划、有目的、有系统地收集、整理和研究分析有关经销商对用户及潜在用户的购买力、购买对象、购买习惯、未来购买动向和同行业情况等市场营销方面的信息，进行全面或局部的了解，弄清涉及企业生存和发展的市场运行特征、规律和动向，以及汽车在市场上产、供、销状况及其有关的影响因素，并提出调研报告，总结有关结论，提出机遇与挑战，以便帮助管理者了解营销环境，发现问题与机会，并为市场预测和营销决策提供依据。

1. 调研的种类

调研目标分为探索性调研、描述性调研和因果性调研三种，见表6-1。

表6-1 调研目标

调研类型	相关说明
探索性调研	探索性调研是在调研专题的内容与性质不太明确时，为了了解问题的性质，确定调研的方向与范围而进行的搜集初步资料的调查，通过这种调研，可以了解情况，发现问题，从而得到关于调研项目的某些假定或新设想，以供进一步调查研究。通过调研活动，有助于把一个大而模糊的问题分析得更明确，并识别出需要进一步调研的信息
描述性调研	描述性调研是指对所面临的不同因素、不同方面现状的调查研究，其资料数据的采集和记录，着重于客观事实的静态描述。例如，汽车市场的潜量以及客户购买的偏好和态度等，试图回答诸如谁、什么、何时、何地和怎样等问题
因果性调研	因果性调研是对市场上出现的各种现象之间或问题之间的因果关系进行调研，目的是找出问题的原因和结果，也就是专门调查"为什么"的问题。找出在这些关联中何者为"因"、何者为"果"，哪一个"因"是主要的、哪一个"因"是次要的，各个"因"的影响程度是多少，等等。可以清楚外界因素的变化对项目进展的影响程度，以及项目决策变动与反应的灵敏性，具有一定程度的动态性

2. 调研的方法

研究方法有多种，从现代技术应用的角度来看，可分为传统研究方法和现代流行的大数据分析方法。传统研究方法主要包括市场调查法、文案调查法、访谈法、观察法、实验法、抽样问卷调查法、专家座谈会、访谈法、电话调查法、邮政调查法、留职调查法、直接观察法和个人经验法、行为记录跟踪观察法、计算机辅助访问法、在线调查法等。

（1）调查法　调查法是指通过书面或口头回答问题的方式，了解被测试者的心理活动的方法。常用的方法有访谈、电话调查、问卷调查等，优点是能在短时间同时调查很多对象，获取大量资料，并能对资料进行量化处理，经济省时。缺点是被测试者由于种种原因可能对问题做出虚假或错误的回答。

（2）问卷法　问卷是调研者按照调研的目标设置问题，不提供任何答案或提供有选择性的答案，让被调查者回答问卷的内容。调研人员根据被调查者对问题的回答进行统计分析得出调研结果。问卷法的类型主要有自由叙述式、多重选择式、是否式、评定量表法、确定顺序式、对偶比较式等。问卷法的优点、缺点与调查法相同。

（3）观察法　观察法是指调研者根据一定的调研目的、调研内容或观察表，用自己的感官和辅助工具去直接观察被调研对象，从而获得资料的一种方法。科学的观察具有目的性和计划性、系统性和可重复性。

（4）访问法　访问法指以询问的方式向被调查者了解市场情况的一种方法。按访问内容分为事实访问、意见访问、解释访问。按访问的具体方式分为面谈访问、邮寄访问、电话访问、留置访问、个别深度访问、小组讨论等。

（5）专家法　专家调查法分为德尔菲法和头脑风暴法，是以专家作为索取信息的对象，依靠专家的知识和经验，由专家通过调查研究对问题作出判断、评估和预测的一种方法。特别适用于客观资料或数据缺乏情况下的长期预测，或其他方法难以进行的技术预测。

（6）在线调查法　网上市场调查是指在互联网上进行简单的调查设计、收集数据和初步分析的活动。在线调查已成为现代市场研究应用中最广泛的主流调查方法之一。在线调查适用于案例研究和统计调查。

传统的人工调查方法有两种方式，一种是直接收集第一手资料，如问卷、专家访谈、电话调查等；另一种是间接收集第二手资料，如报纸、杂志、电台、调查报告和其他现成材料。进行网上市场调查也有两种方法：一是在网页上设计问卷，客户直接在网上填写问卷里的内容，工作人员直接通过互联网收集第一手资料，这种方法可以称为网上直接调查；二是利用互联网的媒体功能从互联网上收集二手资料。这种方法被称为在线间接调查。根据调查方法的不同，可分为在线问卷调查法、在线实验法和在线观察法。根据调查人员组织调查样本的行为，网上调查可分为主动调查方法和被动调查方法。根据在线调查所采用的技术，可分为站点法、电子邮件法、随机IP法和视频会议法等。

在线间接调查主要利用互联网收集有关市场、竞争对手、消费者以及与企业营销有关的宏观环境的信息。在线间接调查法是使用最广泛的方法，因为其信息能够满足企业管理决策的需要，而在线直接调查一般只适用于特定问题的专门调查。搜索引擎通常检索站点的网址，再访问您想要查找信息的站点或网页。在提供信息服务和查询的网站中，网站通常提供信息检索和查询功能。

3. 调研人员

市场调研是一项涉及经济学、市场学、社会学、统计学等多方面的复杂而细致的工作，对调研人员提出了更高的要求。市场调查人员选拔要求具有一定的理论知识和实践经验，对市场敏感，能够坚持实事求是、愿意探究问题的原则。必须做好调查人员的选拔工作和调查人员的培训工作，尤其是临时调查人员的培训，这会关系到调查的成败。

调查人员开始工作后，管理必须跟上，对调查人员的监督应当贯穿于调研的全过程。检查他们收集的信息，核实其是否符合要求，进行现场跟踪访问，即派另一名调查人员审查调查结果，以提高调查质量等等，必要时也可以对调查的路线进行复查。

4. 调研工作的环节

无论是传统的市场调研还是现代流行的网络数据调研，研究工作的实施都分为三个部分：信息收集、研究分析和研究报告的编写。市场研究的主要内容包括：信息收集、研究和分析。信息收集是为研究和分析提供数据，研究和分析是对信息数据进行分析和撰写研究报告。研究计划包括研究课题、研究时间、研究人员、研究地点、研究成本、研究对象、研究方法等相关内容。有三人以上小组进行调查时，要进行职责分工，选拔临时领导，提高研究效率。其中，市场调查的成本预算主要包括问卷设计和打印费、面试、培训费、来访者劳务费、礼品费、问卷统计处理费等，企业应当核实市场调查过程中发生的各项费用，合理确定市场调查总成本预算。

环节1. 信息收集

调研技巧包括工作人员的工作风格和调研渠道的把握。在研究技能上，需要根据调研课题选择有代表性的专业渠道和辅助渠道，并根据调研效果来设置合理的渠道比例进行信息收集。行业网点、分销商、行业展览会等渠道是专业渠道，是信息收集的重点；报纸、书店、网络、电话簿、电视等渠道是辅助渠道，可以收集辅助信息，是专业渠道信息收集的有益补充。其次，对行业的理解要求调研者在信息收集过程中应善于采用观察、提问、理解等研究方法，收集信息的同时也要分析市场，通过表面的市场现象获取真实的市场数据。

在信息收集方面，为了提高调研成果，可以适当赠送一些小礼物，灵活运用一些科学研究方法，如：电话咨询、问卷调查研究、行业访问等。确保收集信息的有效价值。

环节2. 研究与分析

市场调研的主要研究内容包括市场特征的确定、市场潜力分析、市场份额分析、销售分析、竞争对手分析。调查分析是对调查信息的总结和分析，并对细化调查的价值构成要素进行分析。分析方法有定性分析和定量分析。定性是指用书面语言来形容物质；定量是指用数学语言形容的每种物质的内容。定量分析是以统计数据为基础，建立数学模型，利用数学模型计算指标及其数值的方法。定性分析是一种基于分析者的直觉和经验，基于分析对象的过去和现在的延续情况以及最新的信息，来判断分析对象的性质、特征和发展的方法。

环节3. 编写调研报告

编写调研报告是在对调研课题进行分析的基础上编写的总结性报告，可以在研究和分析的基础上提出一些看法和意见。研究报告通过研究数据来具体体现研究的实际价值。编写调查报告是市场调查的最后一项工作。市场调查工作的结果将反映在最终调查报告中，该报告将提交给企业决策者，作为公司制定营销战略的基础。市场调查报告应以标准化格式编写。完整的市场调查报告格式包括主题、目录、摘要、正文、结论和建议以及附件。

5. 调研流程

汽车销售市场调研主要有人工调查和数据调查两种方法。

通过人工调查的详细工作节点与流程如图6-1所示。

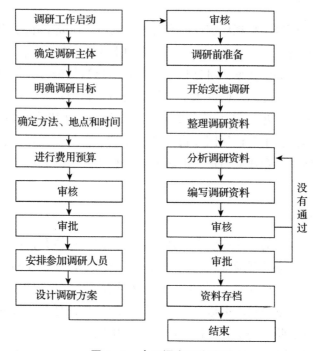

图6-1 人工调查工作流程

通过数据调查的详细工作节点与流程如图6-2所示。

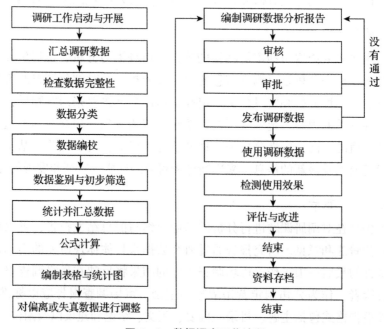

图6-2 数据调查工作流程

市场调研一般有六个步骤：确定问题和调研目标、设计调研、收集数据、数据分析、撰写调研报告、跟踪，详解见表 6-2。

表 6-2　市场调研步骤详解

序号	实施步骤	实施内容
1	确定问题和调研目标	为市场经理提供有用的决策信息。市场经理把这些信息与他们自己的经验和其他信息结合起来。市场调研人员首先应该明确营销经理所面临的问题以及解决市场决策需要的信息，并在调研目标上与营销经理达成一致。市场营销部门负责人应确定需要调查的信息，明确调查中包括的项目，以及应答者提出的问题和问题的范围
2	设计调研	设计调研是指为了达到调研目标或检验研究假设而需要预先制订实施计划。市场研究者需要建立一个框架来回答特定的研究问题。设置问题应注意避免误解和怨恨，控制难度范围，选择小样本预试并及时纠正问题，提高问卷的质量
3	收集数据	数据收集可以由经销商自己或专业市场研究服务公司进行，为了确保数据的质量，需要为每个作业制定详细的说明。研究的每一个细节都应该加以控制，调研者必须严格执行规定的流程。调查完成后，营销经理必须联系 15% 的被调查者以确认调查结果，以及调查是否按照规定的流程进行的
4	数据分析	数据分析的目的是解释收集到的大量数据并得出结论。工作组应审查调查所得信息的统计分析和编辑，并审查数据之间的偏差以及是否存在矛盾。市场调研所获得的信息大多是零散的、散乱的，存在虚假和错误的内容，因此有必要对其进行分类、编辑、分析，使之系统化、组织化。市场研究人员可能从简单的频率分析开始，最终可能使用复杂的多变量技术。排序后的数据被分类并形成统计表和图表供以后应用
5	撰写调研报告	数据分析完成后，调研人员还必须准备一份研究报告，并向管理层提交结论和建议。这是整个研究过程中最关键的部分，因为研究报告是市场调查的最终结果。研究报告的编写程序应包括：主题的确定、材料的选择、提纲的制定和报告的形式。如有必要，可附上详细的统计图表和调查数据
6	跟踪	在花费了大量的人力物力完成市场调研之后，实施市场调研就显得尤为重要。如果实施了调查的意见和建议，则应跟踪实施效果，以更好地纠正错误和改进工作方法

6.1.2　广告策划与投放

? 什么是广告？如何做好广告推广？

如图 6-3 所示，广告是指法人、公民和其他经济组织通过各种媒介和形式向公众发布的用以宣传商品、服务或思想的信息。由大众媒体发布的经济信息和各种服务信息，以及关于收取费用或报酬的商品和服务的经营者和提供者的报告，均视为广告。广告是营销的工具和手段。好的广告营销策略可以说对自己产品的销售具有乘数效应。

汽车广告的作用有如下几点：

（1）建立知名度　通过各种媒体的结合，将新车市场的信息传达给汽车消费者，吸引目标消费者的注意。汽车广告宣传可避免促销人员向潜在消费者描述新车所花费的大量时间，迅速建立知名度，迅速占领市场。

（2）促进理解　通过广告可以清晰地告诉大众群体上市的新车有哪些特点，能够有效地将新车的外观、性能和使用的信息传达给目标消费者，引起目标消费者的关注，激发他们对新车的好感和信赖，激发他们对新车了解的兴趣。

图6-3　立牌广告

（3）有效提醒　如果潜在的消费者已经知道这款新车的车型，但是还没有准备好购买，广告可以不断地提醒他们，刺激购买欲望，这比人员促销更加经济。

（4）安心　广告可以提醒消费者如何使用、修理和维护汽车，并为他们的再度购买提供保证。

（5）树立企业形象　对于汽车这类高端耐用消费品，用户在购买时非常注重企业形象。广告可以提高汽车制造商的知名度和声誉，扩大他们的市场份额。

汽车广告是汽车公司用来说服目标消费者和公众的工具之一。汽车广告应反映汽车公司和汽车产品的形象，从而吸引、激励和诱导消费者购买品牌汽车。汽车4S店常用的广告方式主要有店面广告、户外地标广告、建筑广告、移动广告、交通广告、数字媒体广告等，见表6-3。促销模式包括平面广告、视频广告、网络图像广告以及在线媒体广告。制定汽车广告策略的第一步是确定汽车广告的目标。汽车广告目标是在特定时间内为特定公众完成的特定传播任务。这些目标必须服从于先前确定的关于汽车目标市场、汽车市场定位和汽车营销组合的决定。

表6-3　广告类型

广告类型	说明
店面广告	利用经销商店面的建筑展示的文字或图文广告，或者商业店铺宣传广告等
户外地标广告	户外广告是在建筑物外表或街道、广场、地铁、公路、机场等室外公共场所设立的霓虹灯、广告牌、海报等。户外广告是面向所有公众的，比较难以选择具体目标对象，但是户外广告可以在固定的地点长时期地展示企业的形象及品牌，因此对于提高企业和品牌的知名度是很有效的
楼宇广告	楼宇广告是指围绕着楼宇展开的一系列的广告活动。其中包括楼宇户外超大液晶屏、电梯等候区的楼宇液晶电视、电梯内部的框架广告等
数字媒体广告	主要表现为播放型动态图文、动态影音、静态图文等广告，包括数字化的文字、图形、图像、声音、视频影像和动画等感觉媒体
网络广告	网络广告就是在网络上做的广告。通过网络广告投放平台来利用网站上的广告横幅、文本链接、多媒体等方法，在互联网刊登或发布广告，通过网络传递到互联网用户的一种高科技广告运作方式

汽车广告按其目标可分为通知性、说服性和提醒性三种，见表6-4。

表6-4 广告类型（按目标分类）

目标类型	说明
通知性广告	通知性广告适用于汽车新产品刚导入市场时，广告的目标主要是将此信息告诉目标客户，使之知晓并产生兴趣，促成初始需求。如说明汽车产品名称、效用、价格、使用方法，企业提供的各项附加服务等。企业在实现其整体营销目标时，需分若干阶段一步一步往前走，在每一阶段，广告都起着不同的作用，即有着不同的目标
说服性广告	说服性广告又叫竞争性广告，是指汽车品牌由介绍期进入成长期和成熟期阶段，为了取得竞争优势、确保一定的市场占有率而继续进行的宣传，以加强客户对本企业产品品牌的注意，从而产生对特定某一汽车品牌或某一车型的选择性需求。在使用这类广告时，应确信能证明自己处于宣传的优势，并且不会遭到更强大的其他汽车品牌产品的反击
提醒性广告	提醒性广告一般是对汽车产品成熟期或已到成熟后期的产品继续进行的宣传。可以提醒消费者本企业还在生产和供应这款车型，加深他们的记忆，提高重复购买率，延长产品在汽车市场的寿命

广告媒体种类繁多，只有选择合适的汽车广告媒体，才能以最低的成本获得最佳的宣传效果，在促进汽车销售方面发挥作用。汽车广告媒体的类型见表6-5。

表6-5 汽车广告媒体的类型

广告媒介	相关比较说明
报纸广告	报纸广告是报纸刊登的广告。其优点是读者群稳定、覆盖面广、及时性强，尤其在日报上，可以迅速登出广告，并立即向读者投递，制作简单灵活，可信度高。缺点主要是读者很少流通，表现不佳。大多数报纸都是非四色印刷，广告效果显示较差
杂志广告	杂志广告是刊登在杂志上的广告。杂志可以分为专业杂志、行业杂志、消费类杂志等。杂志广告具有针对性强、保存时间长、流通量大、印刷效果好等优点。缺点是大众发行不如报纸好，广告覆盖面很小，信息传播速度不如报纸、广播、电视
广播广告	广播广告是一种线性传播。听众无法回想并质疑。要善于使用口语或生动具体的广告词，语句表达要有节奏感，尽量少用复句，使听众容易理解
电视广告	电视广告是通过电视传播的一种广告形式。它把视觉图像和听觉结合起来，充分利用各种艺术手法，以最直观的方式传递产品信息。它具有丰富的表现力和吸引力，是近年来发展最快的广告媒体。电视广告播出及时，覆盖面广，选择性强，收视率高，可以反复播出，加深观众的印象。缺点也是显而易见的。首先，成本很高；其次，播出时间短暂，不能保留；第三，很多广告在黄金时段都混杂在一起，很可能被淹没
户外媒体广告	任何能在户外或公共场合通过广告表达来吸引许多消费者的东西都可以称为户外广告媒体。户外广告可分为两大类：平面广告和立体广告。平面广告包括平面路标、海报、墙报、横幅等。立体广告包括霓虹灯、广告栏和广告塔灯箱等。在户外广告中，路标和海报是最重要的两种形式，它们都有很大的影响，设计精美的户外广告会成为一道风景

(续)

广告媒介	相关比较说明
地铁广告	在地铁内设置的各种广告统称为地铁广告。它的形式包括灯箱、通道海报、特殊灯箱、自动扶梯、车内海报、隧道段的 LED。它的特点是人流量集中,注意力高度集中,可以提高产品的知名度。它可以通过在线和离线媒体的组合来显示。常见的地铁广告主要包括地铁 LED 数码媒体、车载电视、站台 PIS、车内海报、站台灯箱、海报、站台视频、自动扶梯侧墙海报、大型壁贴等。与地铁广告类似的广告还有航空广告、公交广告等,这类广告实际上同属于户外媒体广告
销售点广告	又称 POP(Point of Purchase,卖点广告)广告,是一种刺激消费和扩大销售的促销媒介。指在零售店的墙壁、天花板、窗户、通道、货架、柜台上张贴或放置各种各样的广告和产品模型。POP 易于吸引客户的注意力,使店员易于介绍新产品,说明如何使用产品,强调产品的特点,并提高销售点的生动性。作为经销商的销售点装饰品,它也可以成为教育经销商和消费者的手段
网络广告	在线广告是在网上做的广告,是一种高科技的广告业务,使用网站来放置广告横幅、文本链接,并向互联网用户发布或推送广告。网络广告比传统广告更有优势。网络广告是基于计算机、通信等形式的网络技术和多媒体技术。具体操作方法包括:注册独立域名,建立经销商主页;在热门网站上制作横幅广告和链接,登录各大搜索引擎;在知名 BBS 上发布广告信息,或者设立专门论坛;通过电子邮件等向目标客户发送信息。网上推广可以实现品牌推广、网站推广、销售推广、在线研究、客户关系、信息发布等目的

网络媒体和传统的电视、报纸、广播等媒体一样,都是传播信息的渠道,是交流、传播信息的工具和载体。与传统的音视频设备采用的工作方式不同,网络媒体依赖 IT 设备开发商们提供的技术和设备来传输、存储和处理音视频信号。经销商常用的四类网络媒体见表 6-6。

表 6-6 经销商常用的四类网络媒体

类型	相关说明	网络媒体特征
地方站	1. 垂直媒体的地方站 2. 门户网站的地方站	1. 域名以 CN 或 .net 结尾,很多有政府背景参与投资建设 2. 当地生活类网站(集房产、汽车、餐饮、娱乐、时尚等各类信息) 3. 有专门汽车板块,包含汽车的报价、促销、车主评测、论坛、团购等关键信息 4. 当地人们生活的圈子分类、论坛内容为主
当地的媒体	区域性较强的媒体,如扬州论坛等	
搜索引擎	百度\搜狗\360	
自媒体	微信、微博、自运营官网	

垂直媒体就是细分专注某一个具体的行业,也就是先把行业细分,再专门做这一方面的研究,讨论最多的就是垂直网站和垂直搜索(表 6-7)。和第一代大而全的水平网站(又称综合性网站)不同,垂直网站注意力集中在某些特定的领域或某种特定的需求。垂直搜索是针对某一个行业的专业搜索引擎,是搜索引擎的细分和延伸,是对网页库中的某类专门的信息进行一次整合,定向分字段抽取出需要的数据进行处理后再以某种形式返回给用户。

表 6-7 垂直媒体

常见网站	网站服务特色	相关优点
易车网	1. 提供多种营销工具，包括：经销商信息推广集客工具、网站建设工具、多号码支持的呼叫中心系统、商机收集潜在客户转化工具、销售顾问数字助手、百度搜索引擎营销工具、微博及社区营销工具、二手车营销推广工具 2. 落地城市覆盖面广，便于提供到店辅导服务	全国合作商家数量多，资源刷新频率快，入口下沉快
汽车之家	1. 拥有大量有效且活跃的潜在客户 2. 点击率和回讯率高 3. 社区覆盖面广及活跃度高 4. 优质的销售线索	全国合作商家数量多，资源刷新频率快，入口下沉快
太平洋汽车网	1. 专业的汽车评测、实用的汽车导购、精准的车市行情 2. 拥有庞大的网络用户群体 3. 全国渠道网络、共享太平洋集团六大网站资源	直营城市较少，代理分站的服务、执行力参差不齐
爱卡汽车网	1. 覆盖面广、及时大量编辑全国汽车行情 2. 精准超大车型报价库 3. 积极配合线下活动执行及资讯传递	非直营的代理分站在信息的接受及执行上有所迟滞
网上车市	1. 拥有方便用户选车的工具、视频展示、绑定手机功能、来电转移功能 2. 丰富的站外推广资源	网民关注度下降，集客能力下降
汽车点评网	1. 积极的用户交流 2. 集合百度和搜狗推广资源 3. 提供二手车管理	新兴媒体，网友认知度稍弱

就广告信息的传播方式以及消费者对广告媒体的接触习惯角度而论，户外广告与其他传统媒体相比，存在着一个非常本质的区别，如图 6-4 所示。

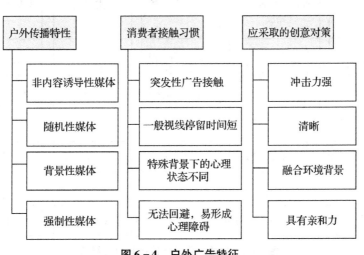

图 6-4 户外广告特征

户外广告的设计标准：

①清晰的品牌意识。首先，让受众清楚地识别谁做了广告，否则一切都会白费。

②吸引力简单明了：不要期望观众在10s内阅读大量的信息。

如何在有限的时间内吸引受众的注意力，使其有趣也是户外广告的关键。好的广告表现往往比一棵有更多广告牌的树更有效。

③加强记忆：户外广告不能被记住，如果你再做一次也没关系。

户外广告是品牌传播系统在户外媒体中的延伸，因此它应该与品牌的整体传播形式相一致。用户的外部媒体形式和环境开发思想为整个通信增加了额外的点。户外媒体具有视觉距离长、接触时间短的特点，因此有必要采取与报纸、杂志等印刷媒体不同的视觉关系。户外广告投放见表6-8。

表6-8 户外广告投放选择

广告地标	投放模式	投放目标
工业园/商贸城广告牌	品牌形象广告（长期投放）	建立品牌，吸引关注
高速公路、单立柱	品牌形象广告（长期投放）	建立品牌，吸引关注
汽车服务店	试驾体验广告（阶段投放）	创造体验，激发欲望
4S店周边灯箱道旗	优惠促销广告（阶段投放）	现场刺激，促使购买

户外创意表达不能单一，防止严重同质化。所展示的广告和主题应该能够愉快地记忆和阅读。如果汽车市场潜力巨大，4S店的销售业绩和趋势良好，表明这是一个关键市场，可以适当增加对外宣传的广告力度。如果市场容量小，销售网络或销售量小，建议少量广告投资。如果汽车市场相对成熟，新车的销量很好，则可以维持必要的广告量，以保持品牌优势。如果市场相对成熟，各个品牌的竞争激烈，销售潜力大，或者发展中的关键市场是广告的重点领域，则应该提高广告强度。户外广告地标选择与投放策略如图6-5所示。

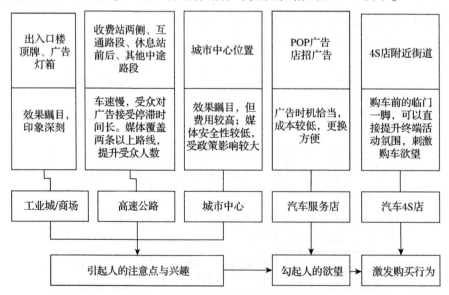

图6-5 户外广告地标选择与投放策略

汽车广告的效果远比广告的数量重要。汽车广告只有引起消费者的注意，才能促进汽车销售。因此，汽车广告内容能否吸引消费者的注意力就显得尤为重要。标题、原稿等的选择对汽车广告的效果会产生不同的影响。广告信息决策是指以何种形式向目标传达何种信息的决策，该决策可以体现为三个步骤：信息挖掘、信息选择和信息表达。

（1）挖掘信息的内容　广告信息的内容直接影响广告的宣传效果。营销人员必须首先发现能够传达的各种信息，以便他们最终能够发现应该传递什么信息，即广告主题或广告诉求。发现广告信息的艺术和渠道多种多样，从消费者、分销商和竞争对手那里收集信息的方法受到专家的高度重视。营销人员可以通过市场调查的方法发现和总结、分析和推理，以获得有价值的广告信息。

（2）信息的选择　信息的选择是从各种不同的广告信息中找到最能触发大多数客户需求的信息。一旦广告信息被选作广告的主题，就会被长时间重复发布，改变内容也容易引起制作成本增加。因此，广告所要表达的信息必须仔细选择。通常，广告不应该表达太多的信息，好的广告往往集中在某个话题上。

选择广告主题有三个标准：

①满足性，即广告的主体信息是否能够使消费者对产品特征满意或感兴趣。

②唯一性，即广告的主体信息是否表示一定的产品特征。

③可信度，即广告信息是否可信，广告的制作必须遵守国家广告法的要求，不得传播不实的、夸张的或虚假的信息。

（3）信息的表达　信息的效果不仅取决于内容，还取决于表达的形式。广告信息表现形式是专业化的技术问题，涉及艺术、文学、心理学、摄影等专业领域。而且，与媒体的广告相比，其表达的重点也大不相同。必须评估各种主要媒体达到特定目标受众的能力，以便决定使用哪种媒体。主要媒体有报纸、杂志、直邮、广播、户外广告等。这些介质的作用范围、频率和影响值不同。例如，电视投递率高于户外广告，户外广告高于杂志，杂志比报纸更有影响力。广告媒介决策的主要内容是，选择媒介的类型和媒介载体，决定何时使用媒介，等等。

6.2　实践训练

	实训任务	新车上市市场宣传策划
	实训准备	可上网的电脑、白板笔、白板纸、移动白板
	训练目标	掌握市场宣传方法与技巧 掌握新车上市策划能力

(续)

	训练时间	90min
	注意事项	每一位同学都应当积极发言,能够在讲台上清晰地回答出老师提出的问题

任务　新车上市市场宣传策划

任务说明

请对即将要上市的新车做出一份市场宣传策划方案。

实训组织与安排

教师活动	• 指导学生完成新车上市市场宣传策划 • 组织学生进行新车上市市场宣传策划结果的课堂展示,并进行点评
学生活动	• 按照任务中的要求填写出要求完成的内容 • 积极参加老师的实训安排,在规定的时间内完成实训任务 • 组员之间应能积极沟通交流学习心得与经验,互帮互助

任务操作

产品分析	
产品优势	
产品缺点	
市场优势	
优势	
市场缺点	
机遇	
威胁	
活动策划	
活动目的	

(续)

	活动策划	
活动方式	☐新闻发布会　　☐商品互动　　☐答谢宴会　　☐媒体试乘试驾　　　　　　　　　　　　　　　　　　　　　　　　　　　　　　　　　　　上市发布会一般包括以下几方面的内容： 　　1. 新闻发布会。邀请当地主流媒体记者参与发布会，对新车上市活动进行现场报道。通过会后发布新闻稿的形式，让消费者了解产品特性，为新车入市营造良好的市场氛围。基本流程：嘉宾签到、领导致辞、新车揭幕、产品介绍（产品性能、定价等）、现场答疑等 　　2. 商品互动。举办商品互动游戏和商品性有奖知识问答，即将产品的特性通过游戏环节表现出来，让消费者和媒体记者对产品有个形象的记忆 　　3. 嘉宾、记者答谢宴会。宴会主要以联络媒体感情为主，通过互动游戏等形式来传播产品和品牌的核心概念 　　4. 媒体试乘试驾。在发布会后一般应安排媒体试乘试驾活动，让媒体记者对新车性能有一个全方位的了解。试驾地点一般选择旅游度假地。媒体试驾和观光活动交替进行	
注意事项	1. 根据上市产品特点、目标消费群特征等，制定与之相符的活动主题并围绕该宣传主题展开宣传攻势 　　2. 新闻发布会时间安排需紧凑，避免时间过长或过短现象 　　3. 新闻发布会的召开地点一般选择展厅、酒店等地点举行，现场布置注重烘托喜庆气氛，突出中国文化元素。也可借助展会开展上市活动 　　4. 通过该活动建立与当地主流媒体之间的合作关系，以便打造有利的舆论环境，为今后推广工作的顺利进行和处理突发新闻事件打下基础 　　5. 在新闻发布会过程中可加入与新车定位相符的文娱表演	
活动策划	活动流程	工作内容制定
	流程1	
	流程2	
	流程3	
	流程4	
	流程5	
	流程6	
	流程7	
	流程8	
	流程9	
	流程10	
	流程11	
	流程12	
计划检查评估		

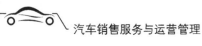

6.3 探讨验证

教师活动	• 组织学生对实训结果进行汇总,形成报告让学生在讲台上对小组成果进行展示与总结。再针对深层问题,引导学生进行问题探讨
学生活动	• 在课堂上积极回答老师的提问与问题讨论,将小组完成的调研报告对大家进行讲解,并完成老师提出的问题探讨

问题探讨	
新车上市后市场宣传离不开广告与传媒的推广,在操作中,广告战术的张扬,声势浩大是手段,目的只有一个,那就是成功宣传新产品。既想炒作,又要造势,必须讲究规模氛围、追求轰动效应。但问题是怎么做才能达到这样的效果?请说说您的想法,并做出您的策划思路	
汽车产品的营销不但要长期系统地宣传新车的卖点,还要不断地给消费者灌输有价值的新车促销信息,刺激他们的购买欲望。如何不断寻求新的、好的促销手段来迎合消费者胃口?如何做好促销多样化?	

6.4 项目小结

本项目的学习目标你已经达成了吗?请通过思考以下问题的答案进行结果检验。

序号	问题	自检结果
1	汽车市场营销调研目标有哪些?	
2	汽车市场营销调查方法有哪些?	
3	什么是网上市场调查?	
4	传统的人工调查方法与现代市场调研的区别什么?	
5	市场数据调研流程有哪些?	
6	人工调查工作流程有哪些?	
7	什么是汽车广告?汽车广告的作用有哪些?	
8	汽车4S店常用的广告方式主要有哪些?	
9	广告主题的标准是什么?	
10	汽车广告信息涉及哪些领域?	

项目练习

单项选择题：

1. 市场营销是指在不断变化和竞争的市场中，（　　）。
   A. 进行调研，把握市场趋势与市场机遇，规避和减少风险，做出正确决策
   B. 用科学的方法，有系统地收集、整理和研究分析客户
   C. 挖掘潜在用户的购买力、购买对象、购买习惯
   D. 以上都对

2. 调研目标分为（　　）三种。
   A. 探索性调研、描述性调研和因果性调研
   B. 探索性调研、描述性调研和探讨性调研
   C. 探索性调研、描述性调研和协商性调研
   D. 以上都对

3. 市场调研有（　　）六个步骤。
   A. 制订计划、设计调研、专家探讨、数据分析、撰写调研报告、上报总结
   B. 确定调研目标、协商研究、收集数据、数据分析、数据整理、跟踪
   C. 确定调研目标、设计调研、收集数据、数据分析、撰写调研报告、跟踪
   D. 以上都对

4. 广告是指（　　）通过各种媒介和形式向公众发布的用以宣传商品、服务或思想的信息。
   A. 法人、公民和其他经济组织　　　　B. 大众群体、公民和其他经济组织
   C. 电视传媒、公民和其他经济组织　　D. 以上都对

5. 网络广告是（　　）来放置广告横幅、文本链接，并向互联网用户推送或发布广告。
   A. 使用广播　　B. 使用网站　　C. 使用电视　　D. 以上都对

问答题：

探索性调研、描述性调研和因果性调研的区别有哪些？

_____

_____

_____

_____

思考与讨论：

1. 如何撰写调研报告？

2. 电视广告、户外媒体广告、地铁广告各有什么特征，怎么选择广告的类型？

项目七　汽车4S店销售业绩提升

> **学习目标**

完成本项目的学习后，能够达到以下目标：
- 掌握成功邀约与客户流量管理的方法
- 学会有效客户转化的方法

7.1　基础知识学习

本项目学习的重点是汽车销售业绩的提升，其中包括三个方面的重点内容：客户邀约、客户的有效转化与客户满意忠诚度的建立与提升。现代汽车销售，靠传统的销售模式与方法已经无法适应行业的激励竞争环境了。汽车销售业绩的影响因素除了自身综合素养与技能外，如何有效邀约客户并能成功转化，最终使客户成为你的忠诚客户是非常关键的因素。

> **教师准备**

教师在正式授课之前，应当做好如下准备：
- 准备上课的教学课件与辅助教学资料，制定学习任务与课前任务并下派到每一个学习小组，要求学生做好课前预习
- 对教学课堂的阶段进展与教学实施方法进行设计，建议采用工作站教学法，准备好工作页，每个小组轮换完成学习

> **学生准备**

学生在正式上课之前，应当做好如下准备：
- 在课前预习老师安排的教学内容，完成老师安排的学习准备
- 准备好需要向老师提出的本项目范围内的问题

7.1.1 成功邀约与客户流量管理

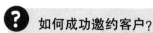如何成功邀约客户？

1. 电话邀约的作用与流程

电话邀约是一种营销方法，它是用诸如电话或传真之类的通信技术来实现对客户群、客户满意度和客户行为的有计划、有组织和有效的扩展。电话营销的意义在于为销售部门创造一个竞争环境，与传统的、被动的和依赖于市场的陈列室营销相比，它可以带来最直接的客户联系、最广泛的客户覆盖面、最高的客户访问率。互补式电话营销能充分发挥其优势。一方面，它可以获取客户信息，促进客户选择购买；另一方面，能让客户感觉得到重视，得到良好感受。

邀请方式主要是通过电话，邀请客户到商店或营销活动场所参加试驾、新车上市、季节性促销等活动。通过电话邀请，公司可以在尽可能短的时间内有效地接触到最广泛的目标客户，从而建立良好的客户关系。同时，销售人员和客户之间的电话沟通有助于收集信息，并建立客户数据库，以跟踪客户对产品和服务的意见和建议。

在互联网的影响下，数字营销变得越来越重要。每个4S商店都有一个网络电话营销团队，按照正确的电话营销方法，销售贡献率能达到50%，销售总增幅可达25%。图7-1所示的DMC监控数据分析图表显示了4S店的电话销售贡献价值。

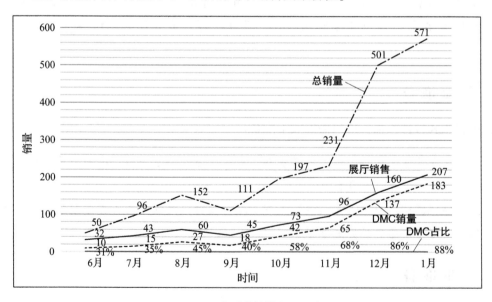

图7-1 电话营销销售贡献率

电话邀约流程如图7-2所示，电话营销是一种互动交流。打电话的流程见表7-1，在与客户进行电话沟通时，不必局限于满足客户对产品的感知，可以考虑进行交叉营销，也可以考虑通过电话进行增值营销。客户可以享受到优质高效的客户服务,这不仅可以降低销售成本,而且可以增加销售收入,从而增加企业利润。通过电话网络进行电话营销,实现与客户的双向沟通,促进与客户的信息共享,既是一场语言战,也是一场心理战。电话营销的优势在于,可以直接与客户沟通,收集反馈,及时回答问题;可以随时掌握客户的态度,把更多的潜在客户变成真正的客户。缺点是对客户工作和休息的干扰造成的负面影响很大,因为客户既不能看到物理对象,也不能阅读说明文本,所以很容易引起不信任。

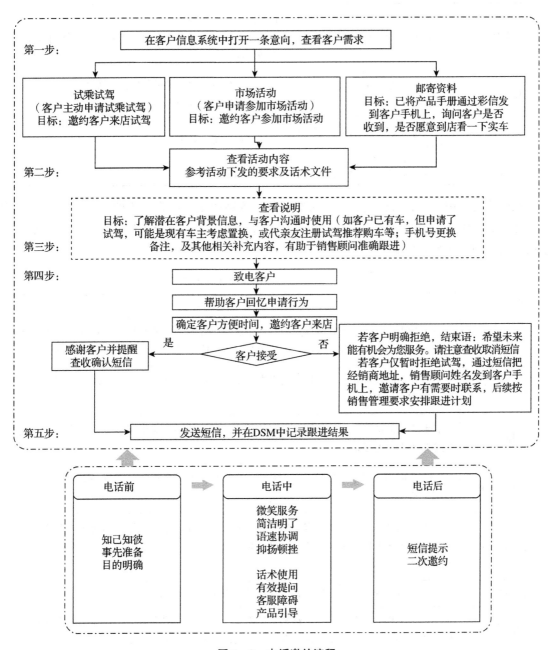

图 7-2 电话邀约流程

表7-1 打电话的流程

流程	基本用语	注意事项
准备	笔、记录本、名单	确认对方的姓名、明确通话的目的 准备好要讲的内容、说话的顺序
问候、告知自己姓名	您好！我是×××4S店销售部的×××	一定要报出自己的姓名 讲话时要有礼貌
确认对象	请问×先生在吗？	必须确认对方的姓名 如电话由别人转接或代接，当与要找的人接通电话后，应重新问候
电话内容	打电话是想给您带来一个好消息……	对时间、地点、数字等进行准确的传达 说完后可总结所说内容的要点
结束语	"谢谢""麻烦您了""那就拜托您了"等	语气诚恳、态度和蔼
放回听筒	等对方放下电话后再将听筒轻轻放回电话机上	

在电话营销中，营销人员代表了公司的形象，营销的成功与否和人的素质息息相关。因此，在正式的电话营销开始之前，公司必须对电话营销人员进行专业和系统的培训。专业电话营销人员应具备的素质见表7-2。

表7-2 专业电话营销人员素质要求

能力类型	具备能力要求
沟通能力	沟通能力会直接关系到电话邀约成功率。能感知到客户的心理与应对技巧，沟通能力强，能很快地与客户建立起信任，营销和沟通的能力可以通过内部培训得到提升
营销意识	能在任何时候都积极地想把车卖出去，要有敏锐的营销意识，能准确地判断出客户的类型和客户的需求
有控制力	控制自己的情绪，保持长期、稳定的热情，情绪波动大会引起客户的不快，同时也可能会带来客户的投诉
有持续激情	经销商应当不断地通过激励来激发员工的激情，电话邀约实际上也是很好的建立人际关系的机会
对产品了解	只有懂你的产品才能得到客户的信赖，才能更准确地让客户知道你所卖的车优点在哪里，与同类车型比较你的优势在哪里？客户使用后会有哪些方面满意，能给客户创造多大的价值
计划能力	对客户有明确的分类，做好客户管理，对工作计划要明确
团队协作	为保证工作的高效、准确，营销人员需要有很强的协调沟通能力跟经销商内部各个部门的人员协作，以保证及时回答客户提出的问题和响应客户的要求
问题处理	要能掌握及时处理客户抱怨的技巧，以及接触客户、各个工作阶段的应对与服务技巧

2. 潜在客户邀约

所谓潜在客户，是指对汽车产品存在需求且具备购买能力的待开发客户，这类客户与企业存在着销售合作机会。经过企业及销售人员的努力，可以把潜在客户转变为现实客户。开发潜在客户的方法很多，通过电话邀约开发潜在购买客户有着不可替代的优势。

潜在客户在接听电话时可能会有三种不同的态度：愿意倾听、无所谓、拒绝倾听，电话邀约时不同的处理方法见表7-3。

表7-3 电话邀约处理方法

客户态度	相关说明与处理措施
愿意倾听	愿意倾听的是有购买意愿或者有潜在购买意愿的客户。对于此类客户应该抓住客户的兴趣点，挖掘客户的需求点，为客户提供有效的需求解决方案
无所谓	无所谓的是有时间倾听而完全不了解产品信息的客户。此类客户，没有明确表示有需求，也没有拒绝，可以试着挖掘一下客户的需求，或者介绍一些优惠活动看是否能引起对方的兴趣，但不要勉强，以免引发反感
拒绝倾听	拒绝倾听的是抵触电话营销或者不准备换车的客户。此类客户明确表示没有需要，也没有时间接听电话，那么此时营销人员一般应对自己的打扰表示歉意，留下自己的联系方式让客户有需求时再联络即可

电话邀约的主要对象是前两种类型的客户。留住客户的方法主要涉及拜访、保养邀约、客户培训邀请、换车邀请、市场调查、询价跟踪、促销通知、礼品诱惑、物品确认等。要分析可能导致电话邀约成功率较低的原因，在某个时间点小组一起交流成功或战败的因素，分享与总结经验。表7-4中所列的是电话邀约率不足原因，可以作为分析客户到店率的参考。

表7-4 电话邀约率不足原因分析

原因	分析
人员配置情况	销售顾问配置不够 销售顾问建卡能力较弱
车源供给情况	畅销车型资源紧张，到货周期长 试乘试驾率过低
客户来店时间	客户在展厅平均停留时间过短 客户在两个时间段集中到店
企业环境条件	展厅面积小，不能满足接待能力 停车位紧张，用户不能专心看车，担心违章停车 洽谈区少，不能满足日益增多的客户需求
客户管理系统	销售顾问建卡积极性不高 销售顾问建卡能力较弱 销售顾问工作安排不合理 排班制度不合理

（续）

原因	分析
汽车产品	定位、质量、价格、市场空间、知名度、美誉度、认知度 使用价值 消费者要承担的风险是否过高
数据质量	数据的筛选和核实工作 数据库完善
营销技巧	培训情况 客户感知 经验总结
电话的参与程度	电话的目的 销售机会挖掘 订单处理
追打电话	对潜在客户的判断是否准确 追打电话的次数频率

3. 电话邀约管理

销售人员应该对每天的电话邀约量进行自我管理，分析每日、每周的电话营销统计表，并进行电话营销的评估。一般采用每日、每周的电话营销统计表进行统计。电话营销统计表如图 7-3 所示。

客户邀约管理表											
序号	客户姓名	联系方式	谈判程度			购买类型			是否考虑贷款	第一次邀约情况	第二次邀约情况	第三次邀约情况	参与人数
			仅来店一次，未谈及价格	来店多次，已谈及价格	其他特殊说明	首购	增购	换购		告知活动信息，不通知时间，邀约情况登记	再次告知活动信息，通知时间，邀约情况登记	最终确认是否来店	
1													
2													
3													
4													
5													
6													
7													
8													
9													
10													

图 7-3　电话营销统计表

KPI 是销售顾问对留档未成交客户的跟踪和维护能力的衡量与考核方法。留档未成交客户相比第一次来店客户意向更强，通过销售顾问的积极跟进和培育，客户有诚意再来展厅会增加成交概率。建立合理的跟踪机制，确保每个客户能在 15 天内至少 4 次访问。当天接待客户必须当天回访，H 级客户 2 天后再次回访，其他按照情况 15 天内 4 次跟进，15 天后按照相应级别跟进。一般 H 级客户跟进周期为每天，A 级客户跟踪周期为 3 天，B 级客户跟进周期为 7 天，C 级客户跟进周期为 15~30 天。

客户等级区别如下：

H 级客户：7 天内有订车可能的客户。

A 级客户：15 天内有订车可能的客户。

B 级客户：30 天内有订车可能的客户。

C 级客户：2-3 个月内有订车可能的客户。

N 级客户：新接触客户。

O 级客户：已签订合同，未提车客户。

D 级客户：已提车客户。

T 级客户：订单退定客户。

在日常会议前对次日的预定客户制订后续计划，包括回访的时间、方法、目的和原因，经销售经理审核，并总结当天销售顾问的邀请客户的情况。跟进电话必须使用具有记录功能的固定电话，销售顾问详细记录跟进情况。销售经理每天检查销售顾问的跟进情况，每天对记录进行采样，以检查跟进情况和跟踪质量。管理人员对销售人员的客户邀约与跟踪频率要有要求、有绩效考核，分析潜在客户的变化和每周的被客户拒绝情况。考核不达标的销售顾问需要参与内部培训，解释原因，制订自我改进计划，并提交销售管理部门。

电话邀约的 KPI 的监控指数有来电量、留资率（客户留资料的比率）、到店量、到店率、销售量、成交率。

①来电量：客户通过经销商销售热线拨打进来进行购车咨询的呼入总量。

②留资量：电话营销顾问通过来电渠道留存客户信息，包括经过客户同意后按照电话机来电显示记录的客户信息。

③留资率 = 留资量/来电量。

④到店量：客户致电后经过电话营销顾问邀约而实际到访经销商的数量。

⑤到店率 = 实际到店人数/客户信息数。

⑥销售量：在一定时间内销售出去的数量。

⑦成交率 = 交车台数/实际到店人数。

电话营销顾问岗位考核：

①将首次实际到店批次列入 KPI 绩效考核。

②考核方式：月工资 = 基本工资 + 到店提成。

③到店提成 = 首次实际到店批次 × 提成/批次。

主管考核：

①对团队达成率进行 KPI 考核。

②考核方式：月工资=基本工资+团队业绩达成奖。

③团队业绩达成奖=50%到店量业绩达成+50%销售业绩达成。

7.1.2 有效客户转化

? 如何有效提升客户转化率？

潜在客户是指可能成为真正客户的个人或组织，这些客户可能具有购买兴趣、购买需求，或有购买的愿望和购买能力，但尚未与经销商建立购买关系。潜在客户包括重要潜在客户、一般潜在客户、暂时放弃潜在客户和竞争对手的客户四种类型。

对于大多数经销商来说，从销售线索的获取和收集、信息过滤，到潜在客户的培育、分配、跟踪、反馈、信息留存以及二次循环利用，需要经过一个复杂的过程。潜在客户分析漏斗如图7-4所示，通过漏斗工具，在大量的线索数据中，筛选出最有价值的销售线索，从而缩短了销售周期，使有限的销售资源得以有效分配。有效的信息能指导销售团队分析判断客户的真实需求，准备产品报价计划、产品描述和服务描述等，进一步引导客户洽谈，最终完成订单，为公司的整体营销策略和销售策略提供最佳解决方案。

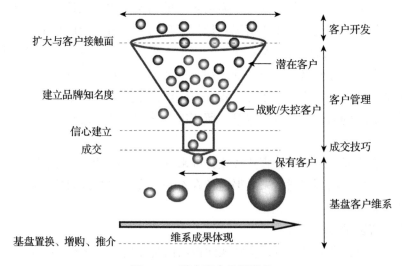

图7-4 潜在客户分析漏斗

做好客户档案管理可以帮助我们有效开发潜在客户、有效积累客户，让管理过程智能化、精细化，客户信息与档案管理方法如图7-5所示。没有潜在的需求，就不可能产生潜在的客户。有了潜在的需求，就有可能产生购买动机或购买欲望。如果客户的购买力条件具备，真正需求形成时，潜在客户极有可能转变成真正的客户。潜在客户自身的因素主要是购买动机、购买意愿、购买能力和购买时机。

企业内部的影响因素主要包括产品质量、品牌形象、产品价格、服务效率、服务人员、分销渠道、信息传递、广告促销力、产品促销、企业形象等，其他因素还有竞争对手的举动、媒体宣传、公众态度、专家意见、政府趋势和国家宏观政策，这些因素都在不同程度影响潜在客户和真实客户的购买决策。

获得销售线索的途径如下：

①推介。朋友，同事，现有的客户和业务往来。

②社交关系。行业活动和其他场合中参加会议的人。

③销售伙伴。与在其他经销商处销售优良产品的其他销售专家共事。

④网站的访问者。访问你的企业网站并浏览产品的潜在客户。

⑤打推销电话。根据网站上他们和经销商的信息联系潜在客户。

⑥抽奖中华为笔记本的活动。

如图7-6所示，马斯洛的需求理论认为人的需要分为五个层次：生理需求、安全需求、归属和爱的需求、尊重的需求和自我实现的需求。人的普通需求是从低到高，从最基本的生理需求逐步发展到对安全、对社交和社会归属感、对尊重直到自我实现的需求。这充分说明即使同一个人在不同阶段满足其需求的东西都是不一样的。从企业经营消费者满意（CS）战略的角度来看，每一个需求层次上的消费者对产品的要求都不一样，即不同的产品满足不同的需求层次。将营销方法建立在消费者需求的基础之上考虑，不同的需求也即产生不同的营销手段。

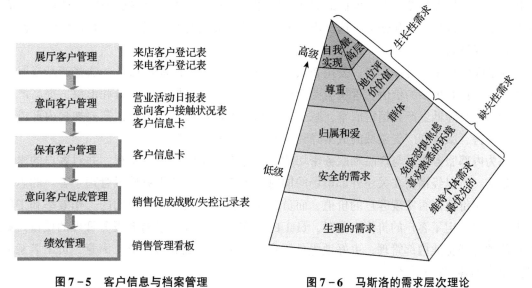

图7-5 客户信息与档案管理　　图7-6 马斯洛的需求层次理论

根据五个需求层次，可以划分出五个消费者市场：

①生理需求：满足最低需求层次，消费者只要求产品具有一般功能即可。

②安全需求：满足对"安全"的要求，消费者关注产品对身体的影响。

③社交需求：满足对"交际"的要求，消费者关注产品是否有助于提高自己的交际形象。

④尊重需求：满足对产品与众不同的要求，消费者关注产品的象征意义。

⑤自我实现：满足对产品有自己的判断标准的要求，消费者拥有自己固定的品牌，需求层次越高，消费者就越不容易被满足。

因此，最重要的是了解客户的核心需求，理解他们的期望，有效满足客户的期望，帮助

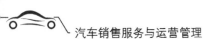

客户选择最合适的产品或服务。汽车不同于其他产品的销售，不要夸大产品的功能或误导客户消费。诚实地告诉客户，他将得到什么，有哪些好处与利益，会更容易达成交易。建立起客户的信任，会获得更多的服务业务与二次购买的机会，使双方的交易能产生共赢。

不同的客户有不同的期望，相同的客户在不同的阶段可能也有不同的期望。因此，在促销过程中，有必要知道客户可以接受的程度，这样的促销活动将产生更好的效果，并能够使客户得到满意。在处理客户的负面因素时，应使用其他一些善意做法来影响客户，避免客户情绪反弹，帮助客户消除疑虑，加强产品的售前、售后服务，让客户有信心购买。在营销活动中，应耐心地回答客户的所有问题并提供一些帮助，客户会对您的店印象深刻。在营销活动中，要积极邀请老客户参加活动，并不断维护与老客户之间的关系，加强老客户的关怀营销，对经销商的品牌创造和口碑传播有很大的帮助，对促进老客户的二次消费的意义重大。

总客户价值是指客户在购买特定产品或服务时所获得的总利益。它包括产品价值、服务价值、人员价值和形象价值。客户总成本是指客户为购买特定产品或服务而支付的时间、精神、体力和金钱。它包括金钱成本、时间成本、精神成本和物质成本。客户在购买产品或服务时，总是希望把与金钱、时间、精神和体力有关的成本降到最低，同时希望得到更多的实际利益，以便最大限度地满足他们的需要。因此，客户在购买产品或服务时，往往从价值和成本两个方面进行比较和分析，选择价值最高、成本最低的产品或服务，客户得到的价值越大，满意度越高。

为了吸引更多的潜在客户，公司必须向客户提供更多的产品或服务，这些产品或服务要比竞争对手具有更多的价值。这就需要企业通过改进产品、服务、人员和形象，提高产品的总价值，通过降低生产和销售成本，减少客户购买产品的成本。另外，需要加强内部成本控制，将销售、服务和广告领域的成本降到最低，形成市场优势。

因为内部服务质量与产品和服务密切相关，越来越受到客户的重视，并对客户的忠诚度造成影响。所以经销商在关注外部市场的同时，还应重视内部服务质量管理。客户的忠诚度取决于公司价值能否实现客户的价值，而员工又是价值的实现者。他们的工作效率和工作质量无疑直接决定了客户的价值。同时，员工的工作水平也取决于内部服务管理的质量。如果公司能够加强企业内部管理，更好地服务于自己的员工，就能够使员工满意，员工满意能够创造更大的客户满意价值。

注意与客户的每一次接触，展会与客户的联系渠道包括人员联系和媒体联系，对于不同的客户，展会可以选择不同的联系渠道。对于一些客户来说，如果媒体是主要的宣传方式，必须首先了解客户的媒体接受习惯，然后选择媒体，有针对性地发布信息。

在潜在客户决策过程中，会经常遇到各种阻力，这些阻力可能来自经济方面，也可能来自社会、时间、心理和竞争对手影响等其他方面。展会前应及时收集和分析客户意见，及时采取措施，有针对性地调整展会的营销策略和客户沟通策略。展览会应该从潜在客户的角度考虑如何解决客户可能产生的问题，让他们以最方便的方式参与。

促进潜在客户转化为真正的客户是一项极具挑战性的任务。为了实现这个目标，展会必须从客户的角度来考虑这个问题，借助 CRM 软件系统仔细分析客户的需求和愿望，跟踪客户的动态，根据已有的客户信息开发有针对性的信息，改善营销和客户沟通策略，促进潜在客户的感知。为了将潜在客户转化为真正的客户，必须针对不同的情况采用不同的方法。为了留住真正的客户，必须满足客户，培养客户忠诚度。客户忠诚不仅可以使客户抵御其他品牌的诱惑，而且可以促使客户再次或大量购买公司的产品或服务，还可以让客户积极地向朋友、亲戚及周围的人推荐公司的产品或服务。

为了达到客户的满意，必须首先明确客户的需求和期望，客户需求和期望具有多样性和动态性的特征。企业可以通过调查和分析客户需求，与客户进行有效沟通。客户大致可以分为三类：价格敏感型、服务型和产品型。每种类型的客户也可以细分，然后对这些同质客户进行进一步研究，以确定影响其购买决策的关键驱动因素，优先考虑客户的需求和价值。经销商应该能够与客户建立关系并与客户沟通，以更好地迎合目标客户的偏好，然后提供符合其价值主张的产品或服务。必须加强与重要潜在客户的及时沟通和联系，并始终关注其动态，保持客户忠诚度。

7.1.3 客户满意与客户忠诚

? 如何提升客户满意度？

客户满意是指客户对公司及其产品/服务的满意程度，也是客户对企业感知的状态，在这种体验状态下更容易刺激交易行为。客户忠诚是从客户满意引申出来的概念，它是指客户对某个产品品牌或经销商反复购买的信任、维护和希望感到满意的心理倾向。客户忠诚实际上是一种客户行为的延续，客户忠诚是指客户对经销商的忠诚程度。客户忠诚有两种表现形式，一种是客户对经销商忠诚的意愿，另一种是客户对经销商忠诚的行为。

客户忠诚的意义在于提高各品牌4S店的销售竞争力，通过优质的服务建立客户和市场的口碑效应，产生销售溢价，节约客户维护的成本和运营成本，提高盈利能力，提高客户和员工满意度。

客户满意不等于客户忠诚，客户满意是客户在消费后表现出来的一种愉悦心理感受，而客户忠诚则是一种持续的交易行为，是促进客户重复购买的行为。衡量客户忠诚度的主要指标是客户保留率，即描述维持业务和客户关系的时间长度的量；客户份额，即客户预算与经销商的比率。客户满意可以说是消费者对产品的感知与其期望价值相比所形成的一种情感状态。只有当产品的实际消费效果达到预期水平时，消费者才能满意，否则就会导致不满意。

为了达到良好的客户满意度，我们还必须掌握和管理客户的期望，提高产品和服务的质量标准。

在竞争日益激烈、以客户为导向的市场环境中，越来越多的经销商开始追求客户满意。许多企业努力的效果并不令人满意。如果公司只追求客户满意，往往不能解决最后的问题。因为很多时候，客户的满意度提高了，并不意味着公司的利润马上就会提高。只有那些给经销商带来"利润"的客户才是有直接价值的客户。此外，客户对公司利润的贡献价值也有高有低。因此，企业应优化稀缺业务资源的配置，注重提高高价值客户的满意度，同时关注潜在高价值客户，逐步提高满意度。客户满意度改善模型如图7-7所示。

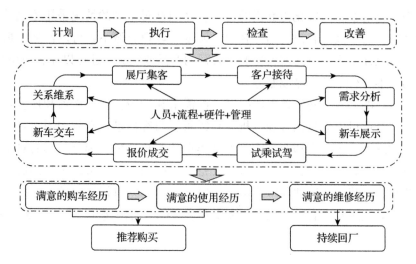

图 7-7　客户满意度改善模型

客户满意度调查反映了客户对过去购买经历的看法和想法，忠诚度调查可以预测消费者最想购买什么产品，何时购买，以及能产生多少销售收入。客户满意与他们的实际购买行为之间没有必然的直接联系。满意的客户忠于公司不一定产生重复购买，但是，客户满意是导致重复购买的最重要因素。客户忠诚的类型见表 7-5，当客户的满足感达到一定程度时，就会导致忠诚度的显著提高，然而，客户满意绝对不是客户忠诚的重要条件。

表 7-5　客户忠诚的类型

类型	相关说明
垄断忠诚	垄断忠诚是因为市场上只有一个供应商，或者由于政府的原因而只允许有一个供应商。此时，该供应商就形成了产品或者服务的垄断，客户别无选择，只能选择该供应商提供的产品或者服务
习惯忠诚	习惯忠诚也称为惰性忠诚，是指客户由于惰性方面的原因而不愿去寻找新的企业。客户由于时间和生活方式的原因不愿意去寻找其他企业，成为这家企业的忠诚客户。他们对企业不一定满意
潜在忠诚	潜在忠诚是指客户希望能够不断地购买企业的产品或者再次享受服务，但由于企业的一些内部规定或者其他因素限制了这些客户的购买行为
方便忠诚	方便忠诚是指客户出于供应商地理位置等因素考虑，总是在该处购买。但是一旦出现更为方便的供应商或者更为满意的目标之后，这种忠诚就会随之减弱，甚至消失
价格忠诚	价格忠诚是指客户对价格十分敏感，产生重复购买的原因在于该供应商所提供的产品价格符合其期望。价格忠诚的客户倾向于能提供最低价格的供应商，价格是决定其购买行为的关键因素
激励忠诚	激励忠诚是指在企业提供奖励计划时，客户会经常购买。具有激励忠诚的客户重复购买产品或者服务的原因在于企业所提供的奖励，因此一旦企业不再提供奖励时，这些客户可能就会转向其他提供奖励的企业

(续)

类型	相关说明
信赖忠诚	是指客户在了解、消费企业产品或者服务的过程中与企业有了某种感情上的联系，或者对企业有了总体趋于正面的评价而表现出来的忠诚。具有信赖忠诚的客户不仅在行为上体现为不断重复购买，同时在心理上也对企业的产品或者服务有高度的认同感

根据客户对产品或者服务的需求、对于品牌的态度和满意程度，将客户忠诚度由高到低划分为六种类型：感情型忠诚、惯性型忠诚、理智型忠诚、生活发生改变型忠诚、理智型客户、不满意型客户，见表7-6。

表7-6 客户忠诚度类型

类型	相关说明
感情型忠诚	此类客户喜欢经销商的产品或服务，认为该经销商的产品或服务符合自己的品味、风格
惯性型忠诚	由于固定的消费习惯带来的客户忠诚
理智型忠诚	经常重新对品牌进行选择，反复推敲消费决策
生活发生改变型忠诚	客户自身需求的改变，导致消费习惯和方向改变
理智型客户	通过理性的标准选择新的品牌，经常反复比较消费
不满意型客户	因为曾经的不满意购买经历而对品牌重新考虑

满意度和忠诚度之间是一个递进的关系，也就是说客户是先有满意度，然后才会有忠诚度。从服务业的角度来说，客户满意或不满意心理形成的根源在于客户感知服务质量，即服务质量决定客户满意，客户满意则部分地决定客户忠诚。满意度和忠诚度的转化，源自客户的真正需求与对服务的感知程度，由于消费者的需求差异，消费者的需求是多样的。在汽车销售过程中，由于消费者的个性与文化背景不同，消费者在需要各层面上的强度不一样，可以产生不同的购买欲望。消费者的需求客观存在，但何时实现购买、购买何种产品，可以因为经济状况的变化、对未来收入的预期、购买的政策环境等各种影响，具有弹性，并确认自己的购买周期。客户转化模型如图7-8所示。

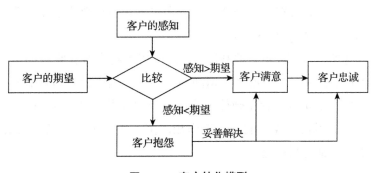

图7-8 客户转化模型

从理论上说，客户感知服务质量水平会导致客户三种心理状态，即不满意、满意和愉悦，其满意度的层级划分见表7-7。

表7-7 客户满意度层级

满意级度	情绪特征
非常满意	满足、激动、感谢
很满意	称心、愉快、赞扬
较为满意	肯定、好感、赞许
一般	没有明显的情绪变化
较不满意	抱怨、遗憾
很不满意	气愤、烦恼
非常不满意	愤慨、恼羞成怒、投诉、反面宣传

使客户满意可以做到，但是哪种心理状态能够影响客户建立客户忠诚，通过以上简单的比较，很难得出结论。因此，必须分析客户满意度与客户忠诚度之间的互动关系，对客户进行准确的评估。我们假设客户忠诚为CL，客户满意为CS，约束条件为R，则$CL=R \cdot f(CS)$，当$R=0$时，$CL=f(CS)$。

(1) 无约束条件下客户满意度与忠诚度的关系 在没有约束的情况下，$CL=f(CS)$。实际的服务水平应该高于期待的服务水平，只有当客户感知到服务质量并且客户非常满意时，客户才能再次消费并保持忠诚。汽车产品的满意度因素主要体现在品牌、油漆质量、密封性、形状、内饰质量、室内空间、舒适性、空调性能、行李空间、动力、制动、操纵、燃油经济性、安全可靠性、噪声、售后服务、维修成本等方面。客户满意度水平与客户保留率以及推荐其他客户接受服务的程度之间并不总是存在关联关系。在质量不敏感领域，虽然客户满意度很高，但是客户不一定再次接受经销商的服务，也不一定向家人、朋友或其他人推荐服务。只有当客户满意度很高时，才会产生客户忠诚，产生良好的口碑效应。意向客户购车选择的重要因素如图7-9所示。

(2) 约束条件下客户满意与客户忠诚的关系 满意不一定是忠诚，不满意不一定是不忠诚，听起来可能不合理，在存在约束的情况下，客户忠诚不仅取决于服务质量的水平，而且取决于约束的影响，$CL=R \cdot f(CS)$。

显然，当存在垄断、转嫁成本、便利性、心理障碍等约束时，客户的情感忠诚不会导致行为忠诚。如果要改善这种情况，必须根据问题的根本原因来设置目标分解，寻找问题背后的根本原因，可按照"人员+流程+硬件+管理"的四要素法（表7-8），有针对性地分析问题，并将满意度低的因素与我们的日常工作相匹配，找出客户不满意的根本原因，从人、事、时、地、客五个方面分析问题。

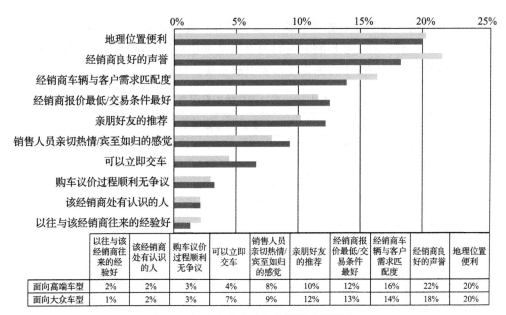

图 7-9 意向客户购车选择的重要因素

来源：J. D. Power 销售服务满意度研究（SSI）

表 7-8 查找问题的四个要素

人员	为完成某项工作而必需的人员条件，包括编制、业务和技能要求等
流程	针对某项工作的步骤、标准、细则等一整套体系化的规范，如展厅管理规范、交车流程、回访流程等
硬件	为完成某项工作而必须配备的，或承担辅助职能的地点/场地、设备、工具等，如展厅、交车区、客户休息区
管理	针对某项具体工作的体系化的制度、工具等，如客户管理制度、考核制度、培训制度等

经销商应该着手建立客户满意度内部测评机制，持续执行内部自我改善，全面提升服务品质，满足客户对满意度的不断追求，扩大忠诚客户的价值，创造经销商最高利益。客户满意度的高、中、低划分如图 7-10 所示。

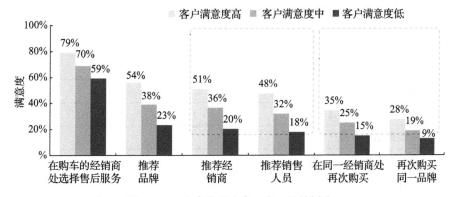

图 7-10 客户满意度高、中、低的划分

来源：J. D. Power 中国客户满意度（SSI）研究

客户满意的衡量因素主要由感知价值、感知质量、客户预期、客户满意度、客户抱怨、客户忠诚六个变量组成。对于客户满意度的调查应至少包括这六个因素。在汽车销售的过程中，客户满意的衡量因素有五个方面需要特别引起重视，见表7-9。

表7-9 客户满意的衡量因素

影响因素	客户的心理特征
销售启动	有人第一时间接待我
	销售人员主动上前与我交谈
	当我有需要时销售人员主动提供协助
	在第一次去过经销店之后，销售人员主动联系我
	展示产品介绍资料
	在试驾时展示汽车的配置
	销售人员主动邀请试乘试驾
	试驾的时间充足
	试乘的时间充足
	试驾时可以选择不同的道路状况以体验车辆性能
销售人员	销售人员专注只和我一个人交谈
	销售人员没有给人强销或者过度推销的感觉
	销售人员在购车过程中的热情态度始终如一
	销售人员对我态度热情
	不盲目承诺无法实现的内容
	汽车产品知识丰富
	销售人员能解说其他车型的优劣
	销售人员的推荐符合我的需求
	销售人员恰当地了解我的个人信息
	第一时间答复我的疑问
经销商设施	经销店外观干净整洁
	提供儿童活动场区或玩具
	室内气味宜人
	提供免费茶水饮料
	全面展示产品信息
	可选配置丰富
	可选颜色丰富
	有想要的颜色

(续)

影响因素	客户的心理特征
交易过程	从开始考虑到最终与经销商达成新车价格协议的时间小于一个月
	赠送的额外配置/附件或者免费延长保修期与当初的承诺相符
	销售人员主动提供贷款
	议价过程愉快
	最终实际支付的车价在预算范围内
	报价和促销政策公开透明
	完成交易的时间不多于2h
	书面条款易理解
	交付物明确清晰
	填写书面文件到合同签好之间等候时间比预期短
	交车结束后书面文件全部完成
交车过程	当天交车
	从签订合同到拿到实车之间等候时间比预期短
	交车时没有任何质量问题
	交车时车辆干净整洁
	交车时提供的油量不少于9L
	提供品牌车主俱乐部的会员资格
	在交车时与交车后解释说明汽车安全配置
	在交车时与交车后解释说明怎样操作每个配置
	在交车过车中销售人员陪同时间充足
	征询客户对购车过程的意见和建议
	向客户介绍过售后服务代表
	交车后所有问题都得到解决
	提车时有专门的仪式
	交车后有人联系客户确保对购车经历满意
	邀请客户参加车主活动

对于服务提供者来说，每一个服务过程中让客户感到高兴是很重要的，有必要与客户建立长期的互动关系，这是客户的高保留率的基础。客户满意度的店内管理控制点见表7-10。

表7-10 客户满意度的店内管理控制点

指标	序号	三级指标
购车环境	1	展厅外部店招、门头、灯箱、图腾柱、高标旗杆、各类导向指标牌是否破损、整洁
	2	展厅内部汽车标准形象设施是否使用正常、规范、整洁，包括背景板、接待台、文化墙、吊旗、防撞条、资料架、各类标识牌、信息墙等17项
	3	展厅地面是否干净，无纸屑、烟头、垃圾桶及时清理等

(续)

指标	序号	三级指标
购车环境	4	展厅内部休息设施是否使用正常、完整、清洁，包括饮水机、桌椅、沙发等
	5	洗手间地面是否整洁、干净，提供卫生纸、洗手用品
	6	接待台是否有序摆放销售经理、顾问等人员的联系名片
	7	展厅每辆展车是否按标准配备价格牌、车铭牌
	8	展厅是否有污损或过期的广告促销物料（宣传单页、汽车资料等）
看车过程	9	展厅内外展车是否有售前检查制度，售前检查记录完整
	10	展厅人员是否统一着装、统一佩戴工作牌
	11	销售顾问是否详细填写两表，包括展厅来电（店）客户信息登记表、有望客户销售推进跟踪表
车辆交接前检查	12	展厅车外观是否整洁，有无积尘、油污，摆放有序
	13	车身外观是否有划伤、碰伤、整车漆面无脱落、色差
	14	展车内清洁，无积尘、污染，禁止无关物品摆放
	15	展车内各部件是否保持规范良好状态，遮阳板、仪表板、装饰件等部位有无破损、划痕、变形，是否及时更换
	16	展车性能良好，包括车门把手是否完整、车门能否正常开启、玻璃升降正常、安全带、锁控机构工作正常
	17	是否有车辆改装造成零部件损坏，改装不规范，影响整车外观、质量的现象
交车服务	18	交车时销售顾问是否为客户清洗或清理车辆，确保车辆整洁干净，运行正常
	19	交车时销售顾问是否为客户现场检查商品车和随车附件，并请客户在交车确认表上签字
	20	交车时销售顾问是否向客户介绍汽车的"三包维修政策"及相关注意事项
跟踪服务	21	是否按经销商要求对购车3天后用户进行回访，回访内容到位、态度亲切
	22	记录是否完整、详细

为了维持销售，公司必须不断补充新客户，这些新客户的促销、宣传和其他费用显然比留住老客户所花费的成本与费用要高很多。目前，在买方市场环境下，产品同质化程度越来越高。同时，由于科学技术的发展，产品本身的生命周期越来越短，许多公司采用的营销策略和方法相似，因此对营销活动中的客户要做好筛选工作。

7.2 实践训练

	实训任务	客户到店流量数据分析与对策研究
	实训准备	可上网的电脑、白板笔、白板纸、移动白板

(续)

	训练目标	掌握数据分析的能力与方法 掌握问题查找与解决问题的方法
	训练时间	90min
	注意事项	每一位同学都应当积极发言,能够在讲台上清晰地回答出老师提出的问题

任务　客户到店流量数据分析与对策研究

任务说明

请根据下面的数据整理并分析销售部门存在的问题,并给出整改方案。

实训组织与安排

教师活动	• 指导学生对已知的客户到店流量数据进行分析与对策研究 • 组织学生进行实训任务的课堂展示,并进行点评
学生活动	• 按照任务中的要求填写出要求完成的内容 • 积极参加老师的实训安排,在规定的时间内完成实训任务 • 组员之间应能积极沟通交流学习心得与经验,互帮互助

任务操作

请根据下列表中两组统计数据对经销商销售部的经营现状进行分析,找出问题点并提出解决措施,找到有哪些存在的新机会。

统计数据表 1

	分类	Jan	Feb	Mar	Apr	May	June	July	Aug	Sep	Oct	Nov	Dec	合计
客流活动	客流总数	385	247	286	394	333	289	346	479	417	353	388	429	4346
	首次到店	356	214	249	363	297	268	323	407	369	308	321	365	3840
	日平均客流量	11.9	6.9	8.3	12.1	9.9	8.9	10.8	13.6	12.3	10.3	10.7	12.2	128
	资料(留档)数	283	156	173	284	233	198	251	322	298	240	245	282	2965
	试驾人数	41	26	31	53	37	28	33	42	37	33	33	45	434
客户等级	H级客户	33	26	28	36	34	25	35	50	48	35	44	34	428
	A级客户	45	31	34	48	46	36	43	76	69	51	45	53	577
	B级客户	87	43	46	78	65	52	89	82	76	65	59	67	809
	C级客户	118	56	65	122	88	85	84	114	105	89	97	128	1151
销售量	展厅销量	45	31	36	47	41	39	43	53	51	45	48	52	531
	当月二级销量	15	11	15	21	14	15	17	23	20	15	16	18	200
	总销量	60	42	51	68	55	54	60	76	71	60	64	70	731

统计数据表 2

分类	展厅客流来源分析											
	Jan	Feb	Mar	Apr	May	June	July	Aug	Sep	Oct	Nov	Dec	合计
亲友	51	45	38	41	67	58	61	54	71	48	52	64	650
保客	0	0	1	0	0	0	1	3	0	0	0	0	5
外拓	22	15	12	32	26	31	33	37	28	34	22	34	326
来店	55	40	52	64	72	67	73	60	68	53	61	77	742
电销	4	7	5	8	4	6	9	4	6	9	11	10	83
展示/活动	2	1	15	5	5	1	3	3	2	13	4	7	61
网络	178	112	170	196	174	143	155	158	169	129	137	125	1846
合计	312	220	293	346	348	306	335	319	344	286	287	317	3713

发现问题	
解决问题	
销售计划	
信息共享	
KPI 分析	

7.3 探讨验证

教师活动	• 组织学生对实训结果进行汇总，形成报告让学生在讲台上对小组成果进行展示与总结。再针对深层问题，引导学生进行问题探讨
学生活动	• 在课堂上积极回答老师的提问与问题讨论，将小组完成的调研报告对大家进行讲解，并完成老师提出的问题探讨

问题探讨	
为什么说客流量统计分析是重要的前期工作？影响客流量的因素有哪些？如何转化有效客流量使之成为准客户？	
请策划一套能够有效提升进店率的操作措施	

7.4 项目小结

本项目的学习目标你已经达成了吗？请通过思考以下问题的答案进行结果检验。

序号	问题	自检结果
1	电话营销的意义是什么？	
2	专业电话营销人员应具备哪些素质？	
3	与潜在客户的电话沟通处理技巧有哪些？	
4	电话邀约的 KPI 的监控指数有哪些？	
5	潜在客户的购买因素有哪些？	
6	获得销售机会的线索有哪些？	
7	什么是总客户价值？包括哪些内容？	
8	客户满意与客户忠诚的区别有哪些？	
9	如何提高客户的满意度？	
10	客户忠诚的类型有哪些？如何提高客户的忠诚度？	

项目练习

单项选择题：

1. 电话营销的意义在于它可以带来（   ）。
   A. 最直接的客户联系　　　　　　B. 最广泛的客户覆盖面
   C. 最高的客户访问率　　　　　　D. 以上都是

2. 所谓潜在客户，是指（   ）。
   A. 对汽车产品存在需求且具备购买能力的待开发客户
   B. 在沟通过程中一直犹豫不决的客户
   C. 确定要买车的客户
   D. 以上都对

3. 销售人员应该（   ），并进行电话销售的评估。
   A. 分析每日、每周的电话销售统计表
   B. 对每天的电话邀约量进行自我管理
   C. 对每天的电话邀约量进行自我管理，分析每日、每周的电话销售统计表
   D. 以上都对

4. KPI 是（   ）的衡量与考核方法。
   A. 销售顾问对留档交易的客户的跟踪和维护能力

B. 销售顾问对留档未交易的客户的跟踪和维护能力

C. 销售顾问对消费客户的跟踪和维护能力

D. 以上都对

5. 客户大致可以分为（   ）三类。

  A. 决策型、保守型、技术型　　　B. 价格敏感型、服务型、产品型

  C. 主动型、被动型、中性型　　　D. 以上都对

问答题：

如何成功邀约客户？

_____

_____

_____

_____

思考与讨论：

1. 客户满意与忠诚的因素有哪些？

_____

_____

_____

_____

2. 怎么获得销售线索？怎么处理客户的不同需求？

_____

_____

_____

_____

项目八 销售绩效管理

学习目标

完成本项目的学习后，能够达到以下目标：

- 掌握员工有效激励与考核方法
- 掌握员工销售能力提升方法

8.1 基础知识学习

本项目的重点阐述汽车销售部门的绩效管理与销售能力的提升，掌握客户的心理与销售专业技能，以提高自己的销售能力和业绩。另外，为了使员工发挥最大潜能，激励是必需的，激励驱使人们去寻找目标。汽车4S店KPI销售管理指标包含业务指标、财务指标、管理指标等。

教师准备

教师在正式授课之前，应当做好如下准备：

- 准备上课的教学课件与辅助教学资料，制定学习任务与课前任务并下派到每一个学习小组，要求学生做好课前预习
- 对教学课堂的阶段进展与教学实施方法进行设计，建议采用工作站教学法，准备好工作页，每个小组轮换完成学习

学生准备

学生在正式上课之前，应当做好如下准备

- 在课前预习老师安排的教学内容，完成老师安排的学习准备
- 准备好需要向老师提出的本项目范围内的问题

8.1.1 员工有效激励与考核

? 如何有效激励员工？

1. 激励作用与有效原则

在企业管理中，管理者要调动员工的工作积极性和创造性，以实现经销商的经营目标和利益，激励分为物质激励和精神激励。根据马斯洛的需求层次结构，人们的需求是多样的、多层次的，因此，对员工的激励也应是多方面的。

马斯洛的需要层次结构把人的需要分为五个层次，即：生理需要、安全需要、社会需要、尊重需要、自我满足需要。每个层次的需求可以相互转换。只有满足员工的需求时，员工才会有更高的热情和创造力；只有让员工满意的激励才是有效的，才会产生积极的效果。

物质激励是指通过物质鼓励员工工作，其主要表现形式有正激励与负激励两种，正激励的方法主要有涨工资、奖金、津贴、福利等；负激励方法有罚款、降级、降薪等。物质是人们从事一切社会活动的基本动力，一些企业经营者还武断地认为，只有物质奖励才能够调动员工的积极性。

事实上，员工不仅有物质需求，而且有精神需求，仅有物质激励可能作用不大，要真正调动员工的积极性，必须把物质激励和精神激励结合起来。激励是必需的，激励驱使人们去寻找目标。当人们有某种暂时无法满足的需要时，在心理上，就会有一种焦虑和紧张的状态，即一种激励状态。这种不安和紧张会成为内在的动力。当人们有动机时，他们必须选择并找到满足他们需要的目标，然后产生满足需求的行为。因此，管理者必须重视激励原则。

一般来说，激励原则有目标组合原则、物质激励和精神激励相结合原则、指导原则、合理性原则、及时性原则、正负激励相结合原则、按需激励原则。

①所谓目标组合原则是指组织目标和个人目标的组合。企业经理制定目标。目标设置必须同时反映组织目标和员工的要求。这使得组织的目标与个人的目标一致。

②物质激励和精神激励的结合意味着管理者不能仅仅从单一的物质或精神方面进行激励，而应该在对员工采取精神激励的同时对员工进行物质激励。精神动力是基础，两者都是不可或缺的。

③指导原则是指内部激励和外部激励相结合，只有将外部激励转化为被激励者的自觉意志，才能获得激励效果。指导原则是激励过程的内在要求。

④合理性原则是指适当的激励措施，适当数量的激励应根据所达到的目标本身的价值来确定，并且奖励和惩罚应该是公平的。

⑤及时性原则是指把握激励时机，激励越及时，越有利于将员工的激情推向高潮，并使他们的创造力持续有效地工作，从而给企业带来更大的效益。

⑥正负激励相结合原则是指对符合组织目标的员工预期行为进行奖励，对违反组织目标的员工不良行为进行惩罚。两者都是必要和有效的，不仅对当事人，对公司的气氛也有一定

的影响。

⑦按需激励原则是指以满足员工的需求为激励出发点，但员工的需求因人而异，因时而异，只有当最迫切的需求得到满足时，激励效果才会很大。因此，企业管理者必须进行深入的调查研究，不断了解员工需求和需求结构的变化趋势，并采取有针对性的激励措施以获得实际效果。

2. 企业管理中的激励制度

（1）薪酬制度　科学有效的激励机制使员工发挥最大潜能，为公司创造更大的价值。激励的方法有很多，薪酬是最重要和最简单的方法之一。它是公司对员工做出的贡献，包括他们的表现、努力、时间、知识、技能、经验，以及他们创造的价值的相应奖励。在员工心目中，工资不仅是他们自己的劳动收入，它代表了员工自身的价值在工作中的实现，代表了对员工工作的认可，甚至代表了他们的个人能力和职业发展前景。常用的薪酬体系有岗位工资制、绩效工资制、混合工资制和年薪制。

①岗位工资。岗位工资有多种形式，包括岗位效益工资制、岗位薪点工资制、岗位等级工资制。

②绩效工资制度。基于绩效的薪酬体系强调员工的薪酬调整，评价标准取决于员工个人、部门和分销商的绩效、成果和贡献。薪酬直接与绩效挂钩，强调目标实现为主要评价依据，绩效薪酬是通过调节绩效好与差的员工的收入、影响员工的心理行为、激励员工来实现其潜力的一种方式。

③混合工资制又称制度工资制，是指一种由几种不同的工资结构构成的工资制度，按岗位、技术、劳动的原则分配。

④年薪制是以年度为单位，依据企业的生产经营规模和经营业绩，确定并支付经营者年薪的分配方式。年薪制是一种有效的激励机制，对提高企业绩效具有重大作用。

薪酬可以说是最重要和最容易使用的激励措施之一，合理的薪酬体系不仅对员工的发展很重要，而且对企业的发展也很重要，企业薪酬体系的设计与完善是提高人力资源管理水平的一个重要方面。

（2）股权激励制度　激励模式是股权激励的核心问题，直接决定着激励的效用。股权激励模型主要包括股票期权模型、限制性股票模型、股票增值权模型、绩效股票激励模型和虚拟股票模型。股权激励在防止经理人短期行为、引导其长期行为方面具有良好的激励和约束作用。股权激励制度旨在赋予员工一定的股利、增值、表决权等权益，使企业和员工形成风险分担、利益分享的机制，使员工成为企业的主人翁，以工作为本，促进经销商长远健康发展。

在股权激励的情况下，企业需要出让部分股权，如果比例安排不当，控制权将受到威胁。实现股权激励的理想状态是公平、合理、有效地激励人才，但不能威胁企业的控制权。

3. 绩效考核（KPI）

绩效是员工集合在一定时间内的行为状态和行为结果，它是一种客观现象，包括组织绩效、团队绩效和个人绩效。绩效考核是对员工按照一定的标准和科学的方法，以充分掌握其思想素质、业务技能、工作能力和潜在能力，对工作绩效、工作态度和工作效能的客观考核。

通过考核，确认工作执行人员的绩效水平，确定人力资源管理的奖惩、奖金分配、加薪、调动、晋升等决策。奖惩只是强化考核的一种手段，调整待遇是对员工价值不断发展的再肯定，不断提高员工的专业能力，提高工作绩效，提高员工工作的主动性和有效性。绩效是多因素、多维度、动态的，因此绩效评估的过程非常复杂。一般来说，绩效评估包括四个阶段：计划阶段、评估阶段、反馈阶段和审查阶段。

评估主体的多元化和一体化有助于进行多层次、多角度的评估，考核标准是工作的基本要求，应当科学、有效、适当，必须尽可能精确、具体和量化。作为评估基础的信息必须真实、可靠、全面、有效。信息收集结束后，公司应公布信息清单，提高评估工作的透明度。评价主体根据评价标准，对员工的工作绩效、直接绩效和最终效益进行分析，确定等级。绩效反馈通常有意见确认、直接访谈和集体宣布三种形式。无论采用何种反馈方式，都应建立申诉制度，以理顺投诉渠道，加强双向沟通。工作绩效审计流程如图 8-1 所示。

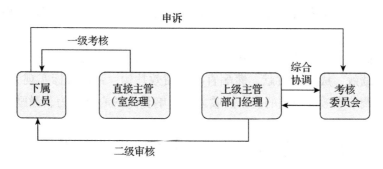

图 8-1 工作绩效审计流程

审计工作通常由人力资源管理部门进行，以处理评估中的大异议和一些异常绩效问题，并在绩效评估后为各种人力资源管理活动提供建议。绩效考核作为实现企业战略目标的手段，首先需要明确考核内容，见表 8-1。

表 8-1 考核内容类型

类型	相关说明
表格类	通过表格工具的运用，可以合理地收集相关管理数据及规范部门间的信息传递，在管理工作中做到有痕迹、可追寻、可量化，同时也能从数据管理中评估及分析问题，循序提升
提醒类	提供执行者一种提醒帮助，有效规范流程执行动作及话术，改善容易遗漏的执行点，保障执行动作及话术的完整性
制度类	明确管理要求，规范奖惩措施，将销售流程的规范执行与绩效挂钩，充分体现了销售效率和规范性的双向保障，约束员工行为，确保所制定的要求得到长效执行
培训类	销售流程及管理的执行要求都依赖于培训，管理要求、执行动作及话术、管理制度等，都依赖培训作传递。合理的培训思路及培训管控，直接影响到最终的执行效果

考核指标根据考核的基本内容确定,是考核成功的保证,是建立绩效考核体系的中心环节。汽车销售过程的关键 KPI 评估点是信息留存率、来电潜在客户到店率、再回展厅率、试乘试驾率和展厅成交率等。

$$电话邀约到店率 = 邀约到店的基盘客户数 \div 邀约的基盘客户数 \times 100\%$$

信息留存率是指当月所有首次到店和首次来电的客户中留下资料信息的客户比例,信息留存率管理重点主要有前台数据登记准确性、销售顾问信息录入及时性、集客活动的合理组织等。

计算公式为

$$信息留存率 = \frac{到店新增意向客户数 + 来电新增意向客户数}{首次到店数 + 首次来电数}$$

来电潜在客户到店率是指首次来展厅的客户比例,来电潜在客户到店率管理重点主要有前台数据登记准确性、销售顾问信息录入及时性、电话邀约技巧。来电潜在客户到店率反映了经销商对来电意向客户的邀约能力,这也是有效利用客户资源的参考指标。

计算公式为

$$来电潜在客户到店率 = \frac{来电意向客户首次到店数}{来电新增意向客户数}$$

再回展厅率是指当月所有进入展厅的潜在客户回展厅的比例。管理重点主要放在前台数据登记准确性与信息录入的及时性、打电话技巧和业务继续跟进技巧等。返回展厅的速度反映了经销商对预定客户的后续工作的质量,以及销售团队创造销售机会的能力。

计算公式为

$$再回展厅率 = \frac{再回展厅客户数}{到店新增意向客户数 + 再回展厅批次 + 来电意向客户首次到店数}$$

试乘试驾率是指当月进入展厅参加试乘试驾的客户比例,是促进客户资源转化的关键行为。管理重点有试乘试驾车辆管理、邀请试驾、试驾管理等,通过试驾可以有效地提高客户购买汽车的意愿。

计算公式为

$$试乘试驾率 = \frac{试乘试驾批次}{到店新增意向客户数 + 再回展厅批次 + 来电意向客户首次到店数}$$

展厅成交率是指最终成交的客户占预定客户全部资源的比例,它反映了经销商对目标客户的转换能力,也是最能反映销售人员销售能力和资源利用能力的关键指标。管理重点有信息登记准确性、销售统计准确性、销售顾问客户跟踪和系统录入准确性等,是衡量经销商销售能力的重要指标。

计算公式为

$$展厅成交率 = \frac{月度展厅销售量}{上月末留存意向客户数 + 当月新增意向客户数}$$

这五个主要指标不仅可以应用于整个经销商的销售的管理过程，也可以灵活地应用于每个销售顾问，为判断销售顾问的个人能力提供有效的依据。

4. 绩效指标设计的步骤

绩效指标体系的设计与构建是一个系统工程，具体流程如图8-2所示。流程设计目的是为市场品牌传播、促销活动等营销活动的实施提供操作依据，并帮助经销商掌控活动的执行整体情况。

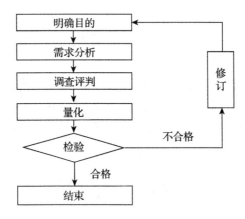

图8-2　绩效指标设计流程

另外，还需要设计市场活动计划表（表8-2），根据这个表，营销经理根据实际情况在每年年初分析当地市场。销售经理根据这个表的分析结果来理解相应的市场。外部竞争信息主要用于描述销售责任区内的宏观经济状况、政策环境、行业竞争、市场细分和用户信息，使被特许人可以了解其在当地市场中的地位，从而开发出不同的销售策略。为了便于4S店掌握本地区基本客户的更换趋势，应做好各项工作的时间节点，并顺利完成基本客户相关模型的更换。根据市场分析数据，销售经理在每年年初填写市场营销计划，展厅经理根据该表负责提醒。方便4S店做更准确的市场活动计划。在活动开始之前，销售经理根据人力、任务和客户等因素填写此表；营销经理根据过程和成本等因素填写此表。

表8-2　市场活动计划表

活动名称		
活动目的	市场目的	销售目的
	□知名度	□车型促销
	□品牌满意度	□开发潜在客户
	□活动客流量	□促进意向客户成交
	□其他	□关系维系
活动日期		
活动地点		

(续)

活动具体目标	市场目标	活动现场客流量		销售目标	客户资料留存数	
					H/A/B 级客户数	
					订单数	
活动车型						
活动描述						
流程安排						
促销内容						
工作编组	组别		人员		任务	

进店接待考核的意义是运用合理的沟通技巧留存客户的真实信息,便于做好潜在客户跟踪。

进店信息留存率 = 到店新增潜客数 ÷ 首次到店数 × 100%。

展厅有效接待率计算公式为进店停留时间超过 10min 的客户数 ÷ 进店客户数 × 100%。其考核的目的是为进入店铺的客户提供及时、规范的接待,促进客户信息保持,增加潜在客户。

展厅客流统计分析表(图 8-3)的功能是统计分析。从这张表中,我们可以看到每天和每个月的客流趋势。同时,每天的保留率可以根据客户保持率进行测量。在指标执行的过程中,销售前台填写每天留存的电话号码,部门经理填写客户意图保留的数据,并检查和核对。

日期		1	2	3	4	5	6	7	8	9	10	11	12	13	14	15	16	17	18	19	20	21	22	23	24	25	26	27	28	29	30	31	合计
星期																																	
上午	9:00~12:00 店																																
	电																																
下午	12:00~18:00 店																																
	电																																
晚上	18:00~20:00 店																																
	电																																
合计	店																																
	电																																
客户意向留存	订单数																																
	H																																
	A																																
	B																																
	C																																
合计																																	
信息留存率(%)																																	

图 8-3 展厅客流统计分析表

8.1.2　员工销售能力提升

？如何有效提升员工的销售能力？

作为一名合格的销售人员，销售技巧包括客户心理、产品专业知识、社会常识、表达能力和沟通能力，汽车销售行业常用的销售技巧有导向交易法、按键交易法、富兰克林对比法、反客户法、软硬法、即时引导法、客户转移介绍法等。掌握了销售技巧，当你和客户沟通时，就可以更好地理解客户的异议，理解客户的想法和关注点。从而逐步消除客户的疑虑，引导客户购买你销售的产品，让他明白他要买的车能给他带来多少价值，使他认为物有所值。

乔杰拉德说过："我相信推销活动真正的开始在成交之后，而不在成交之前。每位顾客的背后，都大约站着250个人，这是与他关系比较亲近的人：同事、邻居、亲戚、朋友。作为一名销售顾问，处理客户关系是至关重要的，在工作中我们不要因为顾客的刁难，或是不喜欢对方，或是自己心绪不佳等原因而怠慢顾客。对于客户我们要用独特的思维去理解，我们不能只看见客户眼前买车的价值，要从长远的角度去感知。乔说得好："你只要赶走一个顾客，就等于赶走了潜在的250个顾客。"乔说过如果一个推销员在年初的一个星期里见到50个人，其中只要有两个顾客对他的态度感到不愉快，到了年底，由于连锁影响就可能有5000个人不愿意和这个推销员打交道，他们知道一件事：不要跟这位推销员做生意。要知道一个顾客的失败其后面庞大的经济利益和群体，在汽车销售行业中起着重要的作用。

（1）善于推销自己　推销自己是一种技巧和艺术。如果一个人有这样的天赋，他就能安定下来，抓住成功的机会。只有把自己卖给别人，你才能卖出最有价值的东西。在与客户的交流中，给客户留下第一印象很重要，有许多优秀的销售顾问都能给人留下深刻的印象。为了销售业绩，必须学会成功地推销自己，然后推销产品。

（2）学会说话　销售顾问的主要职责是与客户沟通，帮助他们买到有价值的东西，卖掉自己的产品。只有拥有好的口才，才能和客户更好地沟通，了解客户的所需、所想，从而才能去一步步进行需求分析，帮助客户去解决他们所疑惑的问题。在销售的时候要用自己的语言去打动客户，运用逻辑话术去打消客户的疑虑，让客户去相信自己，了解到你买的产品对他有相应的价值，才能让客户心甘情愿地来购买你的产品。

客户欣赏有能力的销售人员，因为只有与有能力的销售人员在一起，才有希望和前景，然后才有信心。客户喜欢销售顾问在工作中解决问题的能力，甚至希望销售顾问能帮助解决一些他自己的问题。销售人员需要有沟通和协调能力，这是销售人员最基本的品质。销售人员必须精通销售的基本知识和技能，只有这样，销售人员才能成为一个真正的专业销售人员。

客户喜欢真诚的销售顾问，只有坚持诚信，销售人员才能不断加强自己和客户之间的信任，才能继续培养和发展忠诚的客户。保持勤奋的风格，与客户互动，这样客户才能记住并信任自己。必须仔细倾听客户的话语，准确把握客户的细微心理。有些推销员只注重自己的奖金，而完全不顾客户的利益，为了得到奖金，拼命推销自己的产品，有时甚至采取欺骗的手段。最后，虽然销售人员得到了佣金，但是却伤害了客户利益，慢慢失去了客户的信任基础。

在具体的销售执行过程中，我们经常会遇到这样的问题，就是不知道客户进入展厅到底是来做什么的，导致离汽车销售的成交还有十万八千里，使看似成功的汽车销售最后功亏一篑，因此应当了解与分析客户的行为与目的。

①客户来这里的目的是什么？
②满足客户需求的条件是什么？
③如果今天来这里的是一位准客户，有什么办法让他们再回到你的展厅？
④客户的联系方式是什么？
⑤产品展示彩页应如何递给客户？
⑥汽车产品的哪些优异性能应该被证明影响消费者的购买行为？
⑦如何有效地将你对销售产品的理解传达给你的客户？

做任何事情都必须有一个正确的方法和过程，在汽车销售过程中，汽车销售人员应当弄清楚客户的需求与目标是什么。影响客户选择的最重要的因素是不了解客户的真实需求，汽车销售的第一步"开场白"变得非常重要。

与不熟悉的客户建立良好的沟通，避免让客户觉得自己在展厅里待了很长时间，没有销售人员注意到他们或者没有销售人员出来接待他们。避免在与客户的接触中使客户感到过于热情而引起心中的不舒服与警惕。当客户处于紧张状态、防御状态和不适应状态时，他们受到销售人员过于热情的接待，这使他们感到不知所措。

在接待客户时，除了语言处理之外，也要注意自己的情绪与肢体语言。在与客户建立起了融洽的沟通气氛后，需要对客户购车的相关信息进行探询，找到客户需求与汽车产品之间的必然联系，做到有的放矢。

要达成汽车销售目标，必须对客户的背景情况、现实存在的问题和困难、购买意愿等方面的情况进行有效的了解。此时，应该用6W2H询问技术，并通过开放性提问问题的方式来完成。

What：客户买什么样的汽车？
When：客户准备什么时候买车？
Where：客户准备在哪里买汽车？
Who：谁做出购买决策？
Why：客户为什么要买车？
Which：客户准备采取哪一种付款方式？
How：客户准备怎样去达成目标？
How much：客户准备花多少钱买车？

需要思考的主要问题如下：
①客户愿意来我们的汽车销售陈列室吗？
②客户愿意接受我们的访问吗？
③客户是否及时、周到、满意地得到全面照顾？
④在销售过程中，销售人员是以自己为中心还是以客户为中心？

⑤客户感到购买和使用汽车方便吗？
⑥当客户的车有问题时，是否得到及时有效的处理？
⑦客户来访时会停留多久？
⑧客户离开后会给出怎样的评价？
⑨如何处理客户的问题或建议，或者已经做了哪些工作？
⑩客户离开时愿意留下评论和联系方式吗？
⑪第一次到访的客户在展厅会待多久？他们会再来吗？
⑫他们会带他们的亲戚朋友再来看车吗？

因此，在整个汽车销售过程中，影响客户选择的最重要的因素是销售人员是否努力去开发客户的需求，没能探寻客户具体到访目标会导致销售人员不了解客户的真实需求。

当客户第一次走进大厅时，销售人员可以根据客户的年龄、服装、语言、肢体语言、态度、交通工具、沟通工具、气质、行为等，与客户建立情感交流，为后续销售打下基础。在接待客户的过程中，需要弄清楚客户为什么来、为什么走、为什么买、为什么不买等这些非常重要的问题。

汽车销售中必须善于问询客户问题与倾听客户的表达，为了让客户购买喜欢的产品，必须找到最大的利益点，这一点有时与制造商提供的产品的销售点一致，有时可能不相同。当销售进展到一定阶段时，一些客户可能会停止与销售人员的进一步洽谈。其原因可能是客户需要调整自己的产品定位与购买目标或客户对自己的需求还不清楚。

在明确了客户的购买方式后，主要是与客户讨论价格和特殊要求。如果销售进入这个阶段，你的销售工作已经完成了70%，离销售成功不远了。

在这个阶段，要注意以下问题：

1）由于客户没有在合同上签字，也没有交押金，客户随时会改变主意。例如客户经常会说："让我再想一想。""我今天没带钱。明天早上10点我再付定金。""我不能决定这件事，我得向领导汇报。""我得跟我妻子商量一下。"等，借口拖延时间。

2）不能因为客户已经表示出成交的信号而激动不已，这一点对于刚刚进入汽车销售领域的销售人员尤其重要。在此阶段由于面部表情和肢体语言所透露出的，也许自己没有意识到的举动，会让客户产生这里面有诈的怀疑而反悔。

3）注意客户提出的新问题，无论此时客户的问题是什么，客户只是想通过询问一些问题来证明他的花钱是值得的，你应该耐心地回答你能回答的问题。

4）有效处理价格异议，此时，注意客户异议的真实性。认真对待真实异议，对于虚假异议，我们可以采取其他技巧来处理。

5）应最大限度地消除客户未来使用中可能出现的抱怨，如果销售人员能够处理将来可能出现的投诉，整个销售过程将成功完成。在与客户沟通时要注意进行服务事项方面的交接问题，不要轻易地对客户做出承诺，要求客户介绍潜在客户时要注意与客户之间的关系以及说话的技巧。

如果是刚刚进入汽车销售行业的销售人员，你可能需要提高你的销售水平。如果是在汽车销售领域工作多年的销售人员，你可能需要经常总结工作，积累经验。如果想在原有基础上进一步强化你的销售优势,以实现更高的销售目标,则需要从基础工作开始,重新检查自己的汽车销售流程。事实上,只要你做出一些改变,你就能取得实质性的突破,提高自己的销售成绩。

8.2 实践训练

	实训任务	根据雷达统计图分析销售中的问题并做出改进计划
	实训准备	可上网的电脑、白板笔、白板纸、移动白板
	训练目标	能够根据雷达统计图分析销售中的问题 掌握分析问题的能力与方法
	训练时间	90min
	注意事项	每一位同学都应当积极发言,能够在讲台上清晰地回答出老师提出的问题

任务 根据雷达统计图分析销售中的问题并做出改进计划

任务说明

根据下面给出的雷达统计图分析销售中的问题,再根据每一个问题点做出改进工作方法与措施。

实训组织与安排

教师活动	• 指导学生根据雷达统计图分析销售中的问题并做出改进计划 • 组织学生进行实训任务的课堂展示,并进行点评
学生活动	• 按照任务中的要求填写出要求完成的内容 • 积极参加老师的实训安排,在规定的时间内完成实训任务 • 组员之间应能积极沟通交流学习心得与经验,互帮互助

任务操作

问题分析 1：

图示说明	问题分析
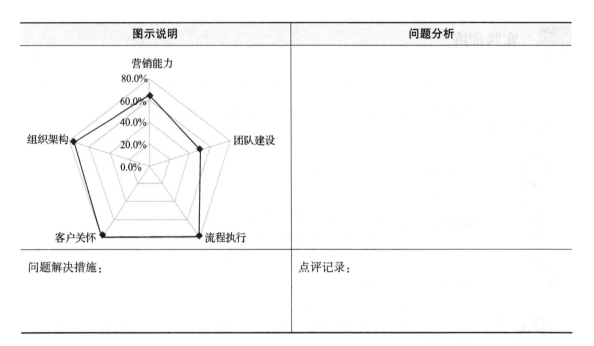	
问题解决措施：	点评记录：

问题分析 2：

图示说明	问题分析
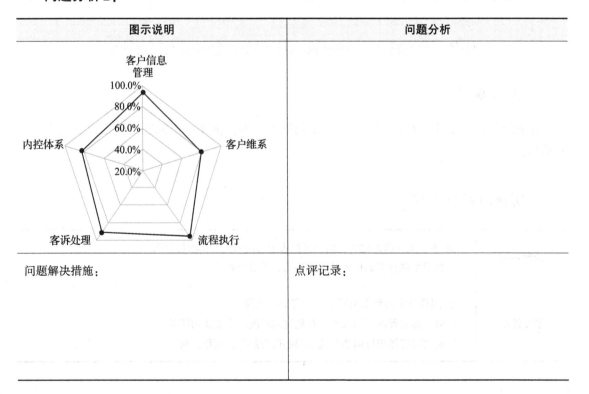	
问题解决措施：	点评记录：

8.3 探讨验证

教师活动	• 组织学生对实训结果进行汇总，形成报告让学生在讲台上对小组成果进行展示与总结。再针对深层问题，引导学生进行问题探讨
学生活动	• 在课堂上积极回答老师的提问与问题讨论，将小组完成的调研报告对大家进行讲解，并完成老师提出的问题探讨

1. 请在下列图中写出每个销售环节的关键考核点：

```
┌──────────┐     ┌────────────────────────────────┐     ┌──────────┐
│ 开始购车 │ ──▶ │ • 在经销商处等候被接待的时间   │ ──▶ │          │
│   经历   │     │ • 进入经销店后得到充分的关注和指引│     │          │
└────┬─────┘     │ • 静态实车介绍                 │     └──────────┘
     │           │ • 实车试驾体验及试驾时的介绍   │
     ▼           └────────────────────────────────┘
┌──────────┐     ┌────────────────────────────────┐     ┌──────────┐
│  销售    │ ──▶ │ • 销售人员关注您的购车需求，提出合理│ ──▶ │          │
│  人员    │     │   的购买建议                   │     │          │
└────┬─────┘     │ • 销售人员的礼貌程度           │     └──────────┘
     │           │ • 销售人员的诚信               │
     │           │ • 销售人员的车辆知识/专业技能  │
     ▼           │ • 销售人员对您的需求和疑问的响应速度│
┌──────────┐     ┌────────────────────────────────┐     ┌──────────┐
│ 经销商   │ ──▶ │ • 经销店外观及店面设施(布局、整洁等)│ ──▶ │          │
│  设施    │     │ • 交易洽谈区或办公室的舒适程度 │     │          │
└────┬─────┘     │ • 经销店的车辆陈列合理，便于看车│     └──────────┘
     │           │ • 可选的车型丰富（多种可选择的颜色、│
     ▼           │   配置等）                     │
┌──────────┐     ┌────────────────────────────────┐     ┌──────────┐
│  交易    │ ──▶ │ • 和经销商达成最后价格的容易程度│ ──▶ │          │
│  过程    │     │ • 对购车书面文件解释的清晰程度 │     │          │
└────┬─────┘     │ • 成交价格的合理性             │     └──────────┘
     │           │ • 完成所有购车书面文件流程的及时性│
     ▼           │ • 交易内容公开透明，明确易懂   │
┌──────────┐     ┌────────────────────────────────┐     ┌──────────┐
│  交车    │ ──▶ │ • 您的新车的状况               │ ──▶ │          │
│  过程    │     │ • 在承诺的时间交车的能力       │     │          │
└──────────┘     │ • 对您的新车配置进行详细的解释 │     └──────────┘
                 │ • 交车当天完成交车的及时性     │
                 └────────────────────────────────┘
```

2. 问题探讨

（1）在4S店的销售管理中，具体的管控内容有哪些？	
（2）在销售管理的工作中常见的管理漏洞有哪些？	
（3）请制订出一份提升销售业绩的工作计划	

8.4 项目小结

本项目的学习目标你已经达成了吗？请通过思考以下问题的答案进行结果检验。

序号	问题	自检结果
1	什么是物质激励？	
2	什么是精神激励？	
3	激励原则有哪些？	
4	马斯洛的需要层次有哪几个层次？	
5	常用的薪酬体系有哪些？	
6	如何进行员工绩效评估？	
7	绩效考核指标有哪些？	
8	销售技巧包括哪些方法？	
9	什么是6W2H询问技巧？	
10	与客户讨论价格阶段应注意哪些问题？	

项目练习

单项选择题：

1. 在企业管理中，管理者激励方式分为（　　）。
   A. 情感激励和精神激励　　　　B. 物质激励和精神激励
   C. 物质激励和口号激励　　　　D. 情感激励和晋升激励

2. 马斯洛需求层次的每个层次的需求（　　）。
   A. 从高往低降低　　　　　　　B. 可以相互转换
   C. 从低往高上升　　　　　　　D. 以上都对

3. 汽车销售人员推销产品的过程是一种艺术，应具备（　　）的能力。
   A. 善于推销自己　B. 会说话　　　C. 会听　　　　D. 以上都对

4. 汽车销售中必须善于问询客户问题与倾听客户的表达，（　　）。
   A. 目的是找到客户买车最大的利益点　B. 目的是尽快把车卖出去
   C. 目的是找到客户的弱点　　　　　　D. 以上都对

5. 在与客户沟通时客户会提出更多的要求，销售顾问应（　　）。
   A. 不要轻易地对客户做出承诺　　B. 坚决拒绝
   C. 尽可能地满足客户的要求　　　D. 以上都对

问答题：

精神激励与物质激励的方法有哪些？

思考与讨论：

1. 常用的薪酬体系有哪些不同？

2. 展厅成交率是如何计算的？

项目九　汽车网络营销

学习目标

完成本项目的学习后，能够达到以下目标：

- 知道汽车网上商城经营模式
- 掌握汽车网上商城的建设与经营方法

9.1　基础知识学习

本项目学习的重点是汽车网络营销，学习的内容包括汽车网上商城的经营模式与网上商城如何建设与运营两个方面。网上4S店是全新的网络营销平台，是汽车网络营销的广度和深度的完美结合，但是如何成功地建设与运营网站吸引更多的消费者是网站成功的重要工作。

教师准备

在正式授课之前，应当做好如下准备：

- 准备上课的教学课件与辅助教学资料，制定学习任务与课前任务并下派到每一个学习小组，要求学生做好课前预习
- 对教学课堂的阶段进展与教学实施方法进行设计，建议采用工作站教学法，准备好工作页，每个小组轮换完成学习

学生准备

在正式上课之前，应当做好如下准备：

- 在课前预习老师安排的教学内容，完成老师安排的学习准备
- 准备好需要向老师提出的本项目范围内的问题

9.1.1 汽车网上商城经营模式

> **汽车网上商城经营模式有哪些？**

汽车信息网站平台覆盖了汽车工业的各个方面，从面向制造商和经销商的网站到面向个人用户的网站。根据受众的不同，可分为工业网站、门户汽车频道、垂直汽车网站、汽车公司和机构网站。网络营销不同于传统营销，其目的是使更多的潜在消费者更快、更全面、更方便地了解品牌，了解产品，激发购买欲望，刺激购买。为了实现更高的销售量和最具成本效益的营销和促销，在线 4S 店网络营销综合平台可以用来实现汽车在线展现与销售的全过程，使汽车买家和卖家在家里就能实现在线选车、咨询和订单生成。该过程中，可以将网络独特的 3D 显示和交互功能发挥到极致，打破时间和空间的限制，方便快捷地完成整个购车过程，同时也享受了各种线下 4S 店没有的特别优惠。把汽车制造商的品牌展示需求和经销商的销售需求通过网络有机地结合，与传统的 4S 店的线下模式相比，网络营销的主动性和互动性，给汽车行业的营销模式带来了新的革命。

网上 4S 店是全新的网络营销平台，是汽车网络营销的广度和深度的完美结合。在充分利用网络的交互性和广泛性的基础上，综合各方面的优势和资源，在汽车制造商、经销商和消费者之间建立最佳的沟通桥梁。根据权威的统计数据，92% 的用户在购买汽车时希望通过互联网了解汽车信息，在线销售的销售额也在逐年增加，用户对汽车电子商务的接受和使用程度远远高于预期。

电子商务是以信息网络技术为手段，以商品交换为中心的商务活动；也可理解为在互联网、企业内部网和增值网上以电子交易方式进行交易活动和相关服务的活动，是传统商业活动各环节的电子化、网络化、信息化。电子商务分为 ABC、B2B、B2C、C2C、B2M、M2C、B2A（即 B2G）、C2A（即 C2G）、O2O 等。

电子商务较为流行的模式主要有如下几种：

（1）B2C（Business to Customer） 中文简称为"商对客"。"商对客"是电子商务的一种模式，也就是通常说的商业零售，直接面向消费者销售产品和服务。中国网上零售 B2C 行业日臻成熟，网购用户规模和交易额规模持续增长。电商平台向综合性平台规模化和垂直型平台细分化方向发展。

B2C 电子商务的付款方式是货到付款与网上支付相结合，而大多数企业的配送选择物流外包方式以节约运营成本。随着用户消费习惯的改变以及优秀企业示范效应的促进，网上购物的用户不断增长，其基本需求包括用户管理需求、客户需求和销售商的需求，见表 9-1。

表 9 – 1　网上购物用户基本需求

基本需求	说明
用户管理需求	用户注册及其用户信息管理
客户需求	提供电子目录,帮助用户搜索、发现需要的商品;进行同类产品比较,帮助用户进行购买决策;进行商品的评价、加入购物车、下订单、撤销和修改订单;能够通过网络付款;对订单的状态进行跟踪
销售商的需求	检查客户的注册信息;处理客户订单;完成客户选购产品的结算,处理客户付款;能够进行商品信息发布,能够发布和管理网络广告;与银行之间建立接口,进行电子拍卖;商品库存管理;和物流配送系统建立接口;能够跟踪产品销售情况;实现客户关系管理;提供售后服务

(2) B2B (Business to Business)　是指企业与企业之间的营销关系,它通过 B2B 网站、移动客户端和客户将企业内部网和企业的产品和服务集成在一起,通过网络的快速响应为用户提供更好的服务,从而促进经销商的业务发展。B2B 具有三个元素:

①买卖:B2B 网站或移动平台为消费者提供优质低价的产品,吸引消费者购买,促使更多的商家入住。

②合作:与物流分销商建立合作关系,为消费者的购买行为提供最终保证,这是 B2B 平台的硬条件之一。

③服务:物流主要是为消费者提供购买服务,实现再一次的交易。

目前 B2B 商业模式有四种类型:垂直模式、集成模式、自建模式和关联模式,见表 9 – 2。

表 9 – 2　B2B 商业模式

经营模式	说明
垂直模式	面向汽车制造业或面向汽车商业的垂直模式。B2B 网站类似于在线商店,直接在网上开设的虚拟商店,通过这样的网站可以大力宣传自己的产品,促进交易。可以分为两个方向,即上游和下游。生产商或商业零售商可以与上游的供应商之间形成供货关系;生产商与下游的经销商可以形成销货关系
集成模式	面向中间交易市场的水平 B2B。它是将各个行业中相近的交易过程集中到一个场所,为企业的采购方和供应方提供了一个交易的机会,这一类网站自己既不是拥有产品的企业,也不是经营商品的商家,它只提供一个平台,在网上将销售商和采购商汇集一起,采购商可以在其网上查到销售商的有关信息和销售商品的有关信息
自建模式	基于自身的信息化建设程度,搭建以自身产品供应链为核心的行业化电子商务平台。通过自身的电子商务平台,串联起行业整条产业链,供应链上下游企业通过该平台实现资讯、沟通、交易,此类电子商务平台产业链的深度整合有待改进与提高
关联模式	行业为了提升电子商务交易平台信息的广泛程度和准确性,整合综合 B2B 模式和垂直 B2B 模式而建立起来的跨行业电子商务平台

(3) C2C（Consumer to Consumer） 是个人与个人之间的电子商务。例如，消费者拥有一辆汽车，通过网络将其销售给另一个消费者。这类交易被称为 C2C 电子商务，淘宝是国内典型的商业平台。它的组成部分除了买方和卖方，还包括电子交易平台提供商。

在 C2C 模型中，电子交易平台提供商是一个至关重要的角色，直接影响着该商业模式的前提和基础。纯粹从 C2C 模型本身来看，只要买卖双方能够交易，就有可能获利，并且模型可以继续存在和发展；然而，这个前提是确保电子交易平台供应商实现盈利，否则这种模式将失去生存和发展的基础。因此，C2C 模式应该更加关注电子交易平台供应商的利润模式和管理能力。

(4) O2O（Online to Offline） 也称为离线商业模式，是指线上营销线上购买带动线下经营和线下消费。将线下商务的机会与互联网结合在一起，让互联网成为线下交易的前台。这样线下服务就可以用线上来揽客，消费者可以用线上来筛选服务，还有成交可以在线结算。通过折扣、信息、服务预订等将线下消息推送给互联网用户，从而将他们转换成离线客户。通过这种方式，可以在线收集客户信息，O2O 营销模式的核心是在线预付费。该模型最重要的特点是可以检查促销效果，并且可以跟踪每项事务。

对于 O2O 电子商务网站运营商来说，一方面，网络的使用快捷方便，能够为用户带来日常生活实际需要的优惠信息，从而能够快速收集到大量的在线用户，吸引大量的线下客户，并且网站广告收入也给网站运营商带来了更多的盈利机会。

我国电子商务已经进入实施阶段，电子商务网站和项目不断增多。大多数汽车公司都建立了自己的商业网站，电子商务和在线营销模式带来更大的商业机会。目前，国内已取得成功的汽车网站主要包括汽车之家、太平洋汽车、新浪汽车、搜狐汽车、爱卡汽车等。以汽车之家为例，汽车之家在线提供了汽车保险报价、信息平台、数据平台、互动中心、经销商平台、汽车购物商城、汽车生活服务区、二手车经销、汽车评测等服务。目前，许多汽车公司已经通过阿里巴巴、京东和天猫建立了网络4S店，并利用他们的产品资源和财力打开了一个数字营销平台，这些都是大数据环境下一种新的营销模式。通过平台建设，汽车企业有了与客户更直接沟通的渠道。

在线销售越来越多地用于多个行业，消费者也越来越熟悉在线销售环境，汽车制造商可以通过在线渠道提供一系列的激励措施来增加销售量并开发新的消费者。汽车公司也可以通过网络渠道获取消费者购物习惯的数据，分析消费者购买习惯并进行客户关系管理。另外，在线销售渠道可以显著降低线下销售过程中产生的运营成本，让客户真正感受到在线销售的便利。销售成本的降低不仅增加了汽车制造商的盈利能力，而且降低了消费者购买的支付成本。在当今数字化和互联网时代，汽车行业的在线销售趋势是不可避免的，汽车公司需要采取积极的策略来满足新的客户需求，消费者希望随时随地通过互联网终端与汽车制造商沟通。

网站的类别见表9-3，网络技术为汽车企业开展市场调研提供了新的渠道。随着互联网用户的快速增长，在线研究的优势将变得更加明显。利用网络图像和音视频的优势，商家与客户充分讨论，从而完成在线定制，充分满足汽车消费者的个性化需求。这是一种全新的、互动的、更加人性化的营销模式。同时，网络技术给客户关系管理带来了极大的便利，给予了消费者前所未有的参与和选择自由。网络营销旨在提供企业与客户之间的深层沟通与认可的平台，拉近企业与消费者之间的情感距离，树立良好的企业形象，使产品品牌对客户越来越有吸引力，从而实现从沟通到客户购买的转变。

表9-3 网站的类别

类别	相关说明	代表性媒体
门户类	所谓门户网站，是指将各种综合性资讯信息资源汇总在一个平台上并提供有关信息服务的应用系统。在全球范围内，最为著名的门户网站则是谷歌以及雅虎，而在中国，最著名的门户网站有中国四大门户网站（新浪、网易、搜狐、腾讯）。门户网站分为综合性门户网站、地方门户网站、个人网站等	新浪、搜狐、网易、腾讯、凤凰网等
新闻类	新闻网站指以经营新闻业务为主要生存手段的网站。包括国家大型新闻门户网站、地方新闻门户网站，其中，政府网站的后缀为.gov，中国网站的后缀为.cn，国际网站的后缀为.com	如新华网、人民网、中国网等
搜索引擎	搜索引擎是指运用特定的计算机程序从互联网上搜集信息，在对信息进行组织和处理后，为用户提供检索服务，将用户检索相关的信息展示给用户的系统。搜索引擎由搜索器、索引器、检索器和用户接口四个部分组成。搜索引擎包括全文索引、目录索引、元搜索引擎、垂直搜索引擎、集合式搜索引擎、门户搜索引擎以及免费链接列表等	百度、谷歌、搜狗等
论坛类	论坛又名BBS网络论坛，是Internet上的一种电子信息服务系统。它提供一块公共电子白板，每个用户都可以在上面书写，可发布信息或提出看法。它是一种交互性强，内容丰富而即时的Internet电子信息服务系统。用户在BBS站点上可以获得各种信息服务，发布信息，进行讨论，聊天等	百度吧、新浪论坛、汽车之家论坛、爱卡论坛、易车论坛等
垂直平台	注意力集中在某些特定的领域或某种特定的需求，提供有关这个领域或需求的全部深度信息和相关服务。以汽车垂直网站为例，包括定位导航、二手车价值评估、消费者调查、针对细分市场的电子商务平台等，都属于专业化商业模式	汽车之家、太平洋汽车、易车、爱卡汽车网等
电子商务类	电商平台是企业、机构或者个人开展电商的基础设施和信息平台，是实施电商的交互窗口，是从事电商的一种手段。常见的电子商务模式有B2B、B2C、C2C等几种，C2C主要是以淘宝为代表，而阿里巴巴、慧聪等大型门户则是B2B的代表，当当、京东、凡客等知名电商企业则是B2C的代表	1688、京东、天猫、淘宝、拼多多等
微博平台	微博是一种通过关注机制分享简短实时信息的广播式的社交网络平台。微博是一个基于用户关系信息分享、传播以及获取的平台。用户可以通过WEB、WAP等各种客户端组建个人社区，以140字（包括标点符号）的文字更新信息，并实现即时分享。微博的关注机制分为单向、双向两种	新浪微博、腾讯微博、网易微博、搜狐微博等

(续)

类别	相关说明	代表性媒体
视频类	在线发布、浏览和分享视频作品的网络媒体，是一种流量网站，主要发布影视、短片等视频	优酷网、土豆网、乐视、酷6网、爱奇艺、腾讯视频、搜狐视频、YouTube等
社区	属于一种小社会交流的平台	001开心、人人网等

电子商务在汽车工业中的应用一般可分为六个层次：

①公司设立专门的网站，向客户提供公司信息，树立良好的企业形象。

②开展网上市场调研，实施有效的客户关系管理。

③实现零配件的在线采购。

④建立具有分销渠道的网络连接模型，实现网络分销。

⑤实现供应链的在线集成，实现集成化运作。

⑥实现网上直销，为客户提供定制的产品和服务。

汽车商品经营企业建立网络电子商务平台或网上营销商城可以实现以下功能：

（1）网络车辆显示　　向客户提供汽车展示是实现销售的第一步，在传统方式中，需要更多的人力、物力和场地，并且所显示的信息和辐射面极其有限，显示产品的具体特征与内容有限。网络展示模式突破了时间和空间的限制，弥补了传统实车展示缺点，以其信息量大、显示形式多样、展示成本低、交互性好等优势越来越受到人们的欢迎。

（2）网上汽车市场　　网上车展可以向客户展示公司的大量产品，还可以整合多家企业的产品，形成网上车市，可以大大提高车展的效率，给汽车交易带来极大的便利。例如，易趣汽车企业网络已经为全国汽车工业公司提供了专门的在线汽车展示服务，可展示的信息包括制造商主页、公司简介、产品服务、质量保证体系、销售区域和联系信息等内容。

（3）网上配件的购销　　零部件采购一直是许多企业投入大量人力物力的一个环节，在传统的采购方式下，由于采购对象的数量有限以及地域的限制，采购的效率和采购成本很难达到预期的水平。电子商务采购可以大大缩短采购周期，提高采购的准确性和效率，降低采购成本，扩大采购范围，减少无效库存，保证库存的合理性。

（4）潜在客户开发和客户服务　　为客户提供全面的产品和服务信息，网上介绍产品，提供技术支持，查询订单处理信息，不仅可以大大减小经销商服务人员的工作压力，使他们有更多的时间与客户联系，有效地改善公司与客户的关系，而且可以开发更多的新用户。由于网络独特的实时交互性，客户可以在任何时间、任何地点访问经销商的最新信息，从而提高客户满意度，越来越多的经销商开始关注网络的作用。

（5）提供在线知识共享　　经常访问汽车网站的客户可以分为三类：第一类是他们已经有了购买汽车的计划，希望通过网站了解最新的产品信息，以帮助他们做出购买汽车的决定；第二类是已购买汽车并希望了解汽车各方面的知识的人；第三类是尚未购买汽车但对汽车知识有很强的兴趣的人。因此，利用网站向客户提供专业的知识服务对这三种类型的客户具有重要意义。

（6）提供网上订购服务的网上销售平台　汽车企业可以利用网站建立网上销售平台，通过网上销售，消费者可以对车型、颜色、内饰等进行特殊订购，最大限度地满足个性化消费的需求。鼓励客户直接订购汽车零部件、维修用品、工具和设备，依靠整个连锁体系对客户进行直接销售和分销，并通过互联网扩展客户服务。汽车网络销售模型如图9-1所示。

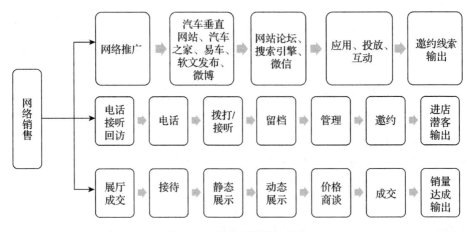

图9-1　汽车网络销售模型

（7）加强内部管理　汽车企业的内部管理极其复杂，电子商务的实施，对加强企业内部管理，规范企业管理模式，促进组织体系各组成部分的规范化管理能够起到一定的作用。在财务管理方面，电子商务可以实时掌握企业各个方面的销售和库存，分析和优化资金流动，减少坏账、呆账，缩短资金回笼的周期，提高整个运营系统的资金周转率。

（8）加快新产品的开发生产　汽车新产品的开发能力和开发速度直接影响企业的竞争地位，利用互联网上丰富的信息渠道，开发适应市场需求、灵活多样的产品，可以节省成本，缩短开发周期。

（9）提高物流配送效率　构建流畅的物流配送网络，全面协调配送任务，可以显著提高配送效率，降低配送成本和库存。

9.1.2　汽车网上商城的建设与经营

> **？** 汽车商务网站应当如何建设与运营？

汽车公司利用其官方网站进行汽车产品的在线营销重要的目的是，充分利用网络营销的品牌营销、产品介绍、信息推广、产品预订等功能，在进行销售活动的同时进一步促进企业的发展。以一汽大众为例，其营销网站项目主要包括车辆介绍、参数配置、车辆比较、汽车试驾、金融服务等模块。通过这种方法和一系列的互动活动，可以扩大公司产品的影响力，帮助建立公司的目标客户，并扩大潜在客户的数量。

1. 网站建设

如图 9-2 所示,汽车网上商城要有丰富的内容来吸引消费者,采取图文并茂的形式分享试乘试驾体验感受、驾车郊游感受,全面展示产品的优势,以优柔的、唯美的、具有可视性、可读性强、引人入胜的题材,抓住客户的心,让客户产生共鸣,打动客户。可以尝试用 Flash 做一个可以人为控制各种数据的仿真试车,提供更多的测试选择,让客户更好地了解车辆性能,同时也可以吸引一些未打算买车网民的眼球。

图 9-2 汽车网上商城

可以提供申请试驾功能,如果潜在客户在试驾满意后,购车用户可以从网站直接预订,网上支付定金、交车时支付车款,利用互联网技术逐步将4S店蜕化成专门负责接收订单和收款的服务部门,将其主要的精力投入到对客户服务上,培养客户的忠诚度。

为了拓展线上销售的同时应避免线上线下渠道的冲突,汽车厂商需要把握线上渠道和线下渠道的平衡。未来的消费者更倾向于选择多样化的销售形式,因此需要一个可信和可靠的系统能够有效处理在线订单等线上问题。

(1) 汽车网络销售系统设计 在汽车网络销售模式设计中,销售管理模块是销售系统的核心,而且汽车网络销售最大的优势也在于此,能够及时了解用户需求信息,有利于降低库存费用。汽车网上商城的主要职能有八个方面,分别是网上调研、网络品牌、网站推广、信息发布、网上销售、销售促进、客户服务、客户关系。

汽车网上商城职能解析见表 9-4。

表 9-4 汽车网上商城职能解析

网站职能	相关说明
网上调研	展开市场与网络建设可行性调研,制定网络营销策略
网络品牌	建立并推广企业的品牌,用适合自己的营销方式展现品牌形象,通过推广措施达到客户和公众对企业的认知及认可,转化实现持久客户忠诚和更多直接收益
网站推广	通过互联网手段进行网站推广,取得成效的基础是获得必要的访问量
信息发布	将营销信息以高效手段向目标用户、合作伙伴、公众等群体传递。利用各种网络营销工具和网络服务商的信息发布渠道向更大范围传播信息
网上销售	在销售端口布置车辆的图片、视频、文字信息等向网络受众全方面展示
销售促进	根据汽车产品的生命与市场周期,在关键节点推出促销计划
客户服务	提供方便的在线客户服务手段,从常见问题解答到电子邮件、邮件列表,以及在线论坛和各种即时信息服务等
客户关系	通过交互性和良好客户服务手段,建立和增进客户关系、提高客户满意度和客户忠诚度

汽车在线商城门户系统通常基于 PHP/MYSQL 开发，具有更好的运行效率和安全性；采用可视化模板引擎，可方便地修改模板和设置插件；支持 HTML 静态网页生成和多项 SEO 优化，利于搜索引擎收录；广泛采用 AJAX 技术，加强了用户体验。使用汽车门户网站系统可建立功能强大的汽车消费门户网站，面向当地汽车销售商、二手车中介、维修保养服务商、汽车租赁服务商、汽车驾校、个人用户提供汽车信息服务。

建设网上商城首先注册域名。域名应该与企业名称一致、与企业的产品注册商标一致或与企业成功的广告语内容一致等，让对企业感兴趣的人们直接猜到企业的域名，这样可以为企业省掉域名及网站的推广费用。任何网站的域名都要经过中华人民共和国工业和信息化部（简称工信部）的审核，审核的周期大约是 15 天的时间。

汽车网上商城建设步骤见表 9-5。

表 9-5 汽车网上商城建设步骤

序号	项目	说明
1	需求分析	了解需求，初步设计网站
2	首页设计	系统选择，选择成熟合适的建站系统
3	设计验证	确认内容，包括网站的分页，资料格式
4	网站制作	网站页面的制作，基本内容填充
5	内部测试	客户和开发同时处于体验阶段
6	公开测试	组织客户测试
7	网站确认	内部确定，有修改的建议要完善
8	网站上线	网站确认后正式上线

（2）网页设计　网页设计是基于汽车企业想要传达给观众的信息（包括汽车产品、服务、理念、品牌或经销商文化）、网站功能规划、网页设计美化等工作。作为公司的对外宣传工具之一，精美的网页设计对于提升公司的网络品牌形象至关重要。网页设计一般分为三大类：功能网页设计、形象网页设计和信息网页设计。设计的要点见表 9-6，设计网页的目的不同，应选择不同的网页规划和设计方案。通过使用更合理的颜色、字体、图片和样式来使页面美观，例如，在线车辆可以执行 3D 展示和操作，并且在功能有限的时候给用户一个完美的视觉体验。先进的网页设计甚至考虑到了声音和光线、交互等以达到更好的视听体验。

表 9-6 设计的要点

序号	设计要点	要点说明
1	明确主题	在目标明确的基础上，完成网站的构思创意即总体设计方案。对网站的整体风格和特色做出定位，规划网站的组织结构。好的 Web 站点把图形表现手法和有效的组织与通信结合起来。做到主题鲜明，要点明确，配色和图片紧密围绕主题；调动一切手段充分表现网站的个性和情趣，突出网站的特点

(续)

序号	设计要点	要点说明
2	页面设计	要简洁实用,尽量以最高效率的方式将用户想要得到的信息传送给他,去掉所有冗余的东西。要使用方便,满足使用者的要求。网站强调的就是一个整体,必须围绕一个统一的目标设计。网站形象要符合美的标准,用色协调,布局符合形式美的要求,有条理,使网页富有可欣赏性,提高档次。网站的交互式要强,尽量发挥网络的优势,使每个使用者都参与到其中来
3	页面排版	网页设计作为一种视觉语言,特别讲究编排和布局,根据和谐、均衡和重点突出的原则,将不同的色彩进行组合、搭配。灵活运用对比与调和、对称与平衡、节奏与韵律以及留白等手段,通过空间、文字、图形之间的相互关系建立整体的均衡状态
4	媒体手段	将三维虚拟现实、多媒体技术等进行优化整合,完善产品的展示效果,提高对客户的吸引力
5	视觉	时尚大气的设计风格,清晰完整的信息分类,打造尊贵豪华的品牌形象;传递最佳的视觉感官体验
6	内容	以满足消费者需求为核心,提供优质的用户体验,开发在线360°展厅的功能,同时专设车主俱乐部,创建友好和便捷的用户体验
7	功能	以品牌、产品、销售为核心,为消费者、经销商、媒体各个层面的受众群体提供信息、服务、文化展示的整合平台
8	导向清晰	操作与功能要能让人看得懂
9	便于使用	要容易使用,在网页设计中尽量避免使用过多的图片及体积过大的图片,提高用户的体验。适当使用动态 Gif 图片,应用巧妙设计的 Java 动画可以用很小的容量使图形或文字产生动态的效果
10	沟通反馈	让客户明确所能提供的产品或服务并让他们非常方便地订购是获得成功的重要因素。如果客户在网站上产生了购买产品或服务的欲望,应该有在线客服的服务,以及留言、电话、在线咨询等功能或信息呈现。要认真回复用户的电子邮件和传统的联系方式如信件、电话垂询和传真,做到有问必答
11	测试改善	网站在正式上线之前应当先进行测试,模拟用户询问网站的过程,发现问题后要及时改进网页设计
12	内容更新	要不断更新网页内容。站点信息的不断更新,让浏览者了解企业的发展动态和网上职务等,同时也会帮助企业建立良好的形象

(3) 网站功能 汽车网上商城门户网站系统具有新车报价、二手车、维修保养、汽车用品、汽车租赁、汽车培训、汽车资讯、商户名录等功能频道;会员中心具有汽车品牌管理、新车报价发布、二手车出售信息发布、二手车求购信息发布、汽车出租信息发布、汽车求租信息发布、优惠信息发布、汽车用品展示、汽车资讯发布、视频发布、询价反馈留言等会员功能,可针对商户型和个人型会员配置不同的会员功能和权限。

汽车门户网站后台管理系统具有网站设置、栏目管理、插件设置、会员类型设置、文章管理、图文管理、下载管理、品牌车型管理、汽车信息管理、汽车用品管理、会员管理、广告管理、访问统计、投票调查、友情链接等丰富的网站管理功能。汽车门户网站系统预设了丰富的频道首页版块，拥有丰富的商家、产品、信息、广告推荐位。汽车 4S 店网络商城设计模型如图 9-3 所示。

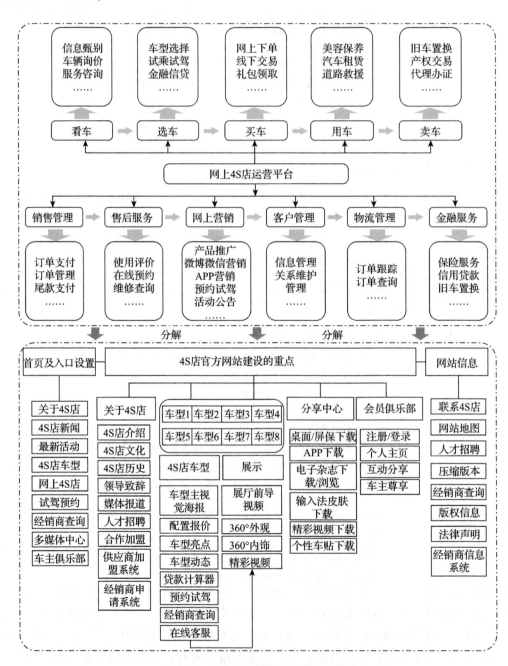

图 9-3　汽车 4S 店网络商城设计模型

汽车 4S 店网络商城核心模块介绍见表 9-7。

表 9-7 汽车 4S 店网络商城核心模块介绍

组成	子模块	说明
销售管理模块	订购管理	完成汽车的预约订购，了解市场不同新车的需求
	业务查询	包括汽车零部件、维修、保养、咨询等都可以实现基于网络形式的查询服务
	销售管理	能够快速地响应客户订单，提高效率和利益，加强企业与经销商之间订单数据、产品数据、销售数据的及时、有效的交互管理，以及企业内部产品数据、销售数据的信息化管理
	网上预约	包括订单支付、订单管理和尾款支付，实现线上与线下销售无缝连接
	订单支付	要求客户在网上选中和拍下理想车型后需预付一定比例的定金，企业才能够根据客户的购车需求信息下发汽车出库交车指令，如果客户在下单后放弃购买决定则需要赔付一定比例的违约金以弥补客户违约带给汽车企业相关方的损失
	订单管理	要求客户下单后平台立即将订单信息发送给汽车企业，由汽车企业通过集成化平台接受相关数据和客户订单，由企业完成所有的物流配送服务，同时客户能通过手机客户端或者接收短信方式了解"所购汽车"信息，并对所购汽车状态进行实时跟踪了解
	尾款支付	提供按揭贷款、现金支付、信用卡支付等多种支付手段，最大化实现客户购车需求
售后服务模块	使用评价	建立第三方专业评估体系，通过对企业网上支付平台支付能力、物流能力、车辆品质保障能力、客户服务态度进行评级，辅以网上购买者使用后的满意度评级来提高客户对企业网上销售品牌的信任度
	在线预约	可以在线预约维修服务，在线查询汽车使用状况信息以便及时去维修服务站或 4S 店对汽车进行维护处理
	维修查询	将汽车用户使用状况如使用时间、建议保养和维修以及更换零部件信息建立数据库，便于客户查询
网上营销模块	产品推广	对汽车产品进行宣传和对汽车品牌的文化、历史进行解读
	微信/APP	开通订阅号，发布汽车产品的最新消息，消费者可以通过关注此订阅号，在接收产品信息的同时与汽车厂商进行交流，便于汽车厂商及时收集消费者信息和解决消费者的问题
	预约试驾	可以通过汽车网店和手机客户移动终端进入网上特有的 24 小时查询、预约服务平台，搜索最近的试驾点并进行试驾预约
	活动公告	在网站上发布对外活动邀请信息与公告，主要活动有车友会、客户自驾游、展厅团购会等
客户管理模块	后台数据统计	对来访客户的信息进行自动统计、分析和归纳。例如，客户的注册信息、浏览时间、查看的次数与页面阅读量等。通过对客户信息的分析了解客户需求并制定对应的生产和销售策略
	关系维护管理	从所有来源中综合客户信息、深入分析并把结果应用于更稳固的客户关系，可以实现与客户互动交流、提醒、警告、自动问候等功能
	信息管理	各 4S 店之间客户信息共享。当一家 4S 店没有客户需要的车型时，可及时从另一家店调货，缩短客户等待接货的时间，提高效率和客户满意度

(续)

组成	子模块	说明
物流管理模块	订单跟踪	通过集成化平台，进行库存查询，选择最近的配送店；运输过程中，运输车辆上安装卫星定位系统和应用便携式数据终端设备，便于消费者和企业实时查询货物的动态，实现订单跟踪，以速度和质量赢得客户的满意度和忠诚度；与各大物流企业建立合作关系，实现双向满载运输；建立24小时物流网络化监控系统，使采购、订货、配送和销售一体化，各个环节通过信息交流及时校正和优化，加快物流循环，达到对商品供应链最优控制。配送环节有多个模式，可以自配送，可以到供应商处自己取货配送，或者供应商直接配送
物流管理模块	订单查询	为客户提供手机APP，包括以下功能：查询订单状态，查询货物跟踪记录，注册，登陆，修改密码等
金融服务	保险理赔	购置新车时，系统会自动根据新车的价位、配置以及车主所在地、使用情况推荐合适的套餐，完成汽车的承保与理赔业务。发生责任事故后，车主可以在网络平台上进行咨询，实时了解动态，与保险公司协商
金融服务	信用贷款	创建与各金融机构的窗口，方便用户与银行、经销商三者建立数据横向流动关系，省去传统的多地多次签署合约及公证的问题
金融服务	旧车置换	在平台实现"以旧换新"的服务，平台会对车辆进行正确合理的评估，对购买新车进行折扣分析等

2. 网站推广

网站推广的方法见表9-8。网站促销基于互联网的宣传与活动举办，是利用平台与网络媒体的互动性来辅助营销目标的一种新型营销方式。网站促销包括对网站内容或结构进行SEO优化，以提高网站在搜索引擎、论坛、微博上的排名。诸如博客、微博WeChat和QQ空间之类的工具，以及在其他流行平台上发布外部链接。除了严格的网站规划和完善的网站建设外，网站还需要推广和搜索引擎优化。

表9-8 网站推广的方法

推广方法	相关说明
搜索引擎推广	利用搜索引擎、分类目录等具有在线检索信息功能的网络工具进行网站推广的方法，以研究关键词的冷热程度和相关性在搜索引擎的结果页面取得较高的排名
固定排名推广	在搜索网络实名中锁定某一关键字，引擎搜索到的位置是固定的
关键词竞价排名	搜索引擎推出来的一种商业模式，关键词的价格决定该关键词的排名位置
网络实名推广	将经销商、产品等名字注册为网络实名后，用户就无须记忆复杂的域名网址，直接在地址栏中输入中文，即可更简单方便地直达企业网站，或搜索相关信息
信息发布推广	将有关的网站推广信息发布在其他潜在用户可能访问的网站上，利用用户在这些网站获取信息的机会实现网站推广的目的，例如，行业网站、论坛、博客、供求信息平台等

(续)

推广方法	相关说明
资源合作推广	利用外部资源,当网站具备一定的访问量以后,网站本身也拥有了网络营销的资源,而这样的网站之间可以进行资源合作,通过网站交换链接、交换广告、内容合作、用户资源合作等方式实现互相推广的目的
广告推广	常见形式包括 BANNER 广告、关键词广告、分类广告、赞助式广告、Email 广告、超级链接等
电子邮件推广	以发送电子邮件为网站推广手段,常用的方法包括电子刊物、会员通讯、专业服务商的电子邮件广告等
病毒性营销	在为用户提供有价值的免费服务的同时,附加上一定的推广信息。利用用户的口碑宣传网络,让信息像病毒那样传播和扩散,像滚雪球一样传向数以百万计的网络用户,从而达到推广的目的

3. 网站维护

一个好的网站需要定期或不定期地更新内容,以不断吸引更多的观众和增加流量。网站维护包括网站规划、网站设计、网站推广、网站评价、网站运营、网站整体优化。网站建设的目的是通过网站实现网上营销,实现电子商务。网站建设者基于客户需求和网络营销,结合自身的专业规划经验,根据企业不同阶段的战略目标和战术要求,协助不同类型的企业制定阶段性的网站规划方案,以最小的营销投入实现更有效的市场回报。前期策划作为网络营销的起点,策划的严格性和实用性将直接影响企业网络营销目标的实现。

网站维护内容见表9-9。

表9-9 网站维护工作内容

维护方式	维护成本、维护效率、维护效果
服务器软件维护	包括服务器、操作系统和 Internet 连接线路等等,以确保网站的24小时不间断正常运行
服务器硬件维护	计算机硬件在使用中常会出现一些问题,同样,网络设备也会影响企业网站的工作效率,网络设备管理属于技术操作,非专业人员的误操作有可能导致整个企业网站瘫痪
网站安全维护	网站安全大多数源自非法入侵,黑客人数日益增长和一些入侵软件昌盛,网站的安全日益遭到挑战,像 SQL 注入、跨站脚本、文本上传漏洞等。网站安全的隐患主要是源于网站存在的漏洞,网站安全维护关键在于早发现漏洞和及时修补漏洞
网站内容更新	网站只有不断地更新内容,才能保证网站的生命力,如何快捷方便地更新网页,提高更新效率,是很多网站面临的难题。但为了更新信息而日复一日地编辑网页,对信息维护人员来说,疲于应付是普遍存在的问题,所以动态网页设计比静态的网站更重要
制定维护规定	制定相关网站维护的规定,将网站维护制度化、规范化;对留言板进行维护、转载内容要清除格式、对转载的文章进行适度改写、在重要位置上突出关键词

9.2 实践训练

	实训任务	对汽车商城网站的建设制定客户体验工作的设计方案
	实训准备	可上网的电脑、白板笔、白板纸、移动白板
	训练目标	掌握汽车销售网站的架构 掌握网站建设策划技巧
	训练时间	90min
	注意事项	每一位同学都应当积极发言,能够在讲台上清晰地回答出老师提出的问题

任务 对汽车商城网站的建设制定客户体验工作的设计方案

任务说明

请通过网络调研分析大众、宝马、吉利、长安、丰田等汽车公司的4S店官方网站的设计风格与结构、功能等。再结合自己的思路探讨汽车销售网站的建设架构,对汽车商城网站的建设制定客户体验工作的设计方案。

实训组织与安排

教师活动	● 指导学生对汽车商城网站的建设制定客户体验工作的设计方案 ● 组织学生进行实训任务的课堂展示,并进行点评
学生活动	● 按照任务中的要求填写出要求完成的内容 ● 积极参加老师的实训安排,在规定的时间内完成实训任务 ● 组员之间应能积极沟通交流学习心得与经验,互帮互助

任务操作

序号	客户体验	请在下面写出汽车销售网站建设的客户体验点与建设的要求	课堂点评记录
1	功能架构		
2	界面设计		
3	信息设计		
4	导航设计		
5	视觉设计		
6	图文介绍		
7	媒体展示		
8	感官体验		
9	交互体验		
10	情感体验		
11	浏览体验		
12	信任体验		

9.3 探讨验证

教师活动	● 组织学生对实训结果进行汇总，形成报告让学生在讲台上对小组成果进行展示与总结。再针对深层问题，引导学生进行问题探讨
学生活动	● 在课堂上积极回答老师的提问与问题讨论，将小组完成的调研报告对大家进行讲解，并完成老师提出的问题探讨

问题探讨：在网站的建设中，以下几点问题同样重要，请大家一起群策群力，说说你们的客户体验感的建设构想		
体验点	建设构想与内容	课堂交流记录
页面速度		
页面布局		
页面色彩		
动画效果		
页面导航		
资料安全		
会员交流		
售后反馈		
搜索引擎		
原创性		
更新频率		
收藏夹		
快速通道		

9.4 项目小结

本项目的学习目标你已经达成了吗？请通过思考以下问题的答案进行结果检验。

序号	问题	自检结果
1	汽车商务网站平台的作用有哪些？	
2	电子商务类型有哪些？	
3	什么是 B2B、B2C、C2C？	
4	电子商务在汽车工业中的应用层次有哪些？	
5	网站有哪些种类？	
6	4S 店建设网站可以实现哪些功能？	
7	汽车网上商城建设的内容主要有哪些？	
8	汽车网上商城的主要职能有哪些？	
9	网站建设有哪些环节？	
10	网站设计的要点有哪些？	

项目练习

单项选择题：

1. 汽车信息网站平台根据受众的不同，可分为（　　）。
   A. 工业网站、门户汽车频道网站、纵向汽车网站、汽车公司和机构网站
   B. 工业网站、商业网站、门户汽车频道网站、娱乐网站
   C. 展示页面网站、技术咨询网站、行业门户网站
   D. 以上都对

2. 电子商务是以信息网络技术为手段，（　　）。
   A. 以商品展示为中心的商务活动
   B. 以商品交换为中心的商务活动
   C. 以信息、新闻、咨询为中心的商务活动
   D. 以上都对

3. B2B 是指（　　）之间的营销关系。
   A. 企业与企业　　B. 企业与客户　　C. 政府与企业　　D. 个人与企业

4. 网页设计是基于汽车企业（　　）等工作。
   A. 服务推广与优化　　　　　　　　B. 网站内容编写
   C. 想要传达给观众的信息、网站功能规划、网页设计美化
   D. 以上都对

5. 网站促销是利用平台与网络媒体的互动性来辅助营销的方式，包括（　　）。
   A. 对网站内容或结构进行 SEO 优化　　B. 推广
   C. 搜索引擎优化　　　　　　　　　　　D. 以上都对

问答题：

建设汽车网上商城的意义有哪些？

_____

_____

_____

_____

思考与讨论：

1. 网站推广的方法有哪些？

_____

_____

_____

_____

2. 网站维护的方法有哪些？

_____

_____

_____

_____

项目十　汽车金融与信贷服务管理

> 学习目标

完成本项目的学习后，能够达到以下目标：

- 知道汽车销售的金融服务类型
- 了解汽车消费信贷与风险管理

10.1　基础知识学习

本项目学习的重点是汽车金融与信贷服务管理，汽车金融服务的作用是实现产销资金分离，扩大业务的有力支持。对于消费者来说，汽车金融服务是消费汽车的一种方式，包括筹资、信贷利用、抵押贷款贴现、证券发行和交易，以及相关的保险和投资活动，可以根据自己的需要选择不同的模式和不同的支付方式。

> 教师准备

教师在正式授课之前，应当做好如下准备：

- 准备上课的教学课件与辅助教学资料，制定学习任务与课前任务并下派到每一个学习小组，要求学生做好课前预习
- 对教学课堂的阶段进展与教学实施方法进行设计，建议采用工作站教学法，准备好工作页，每个小组轮换完成学习

> 学生准备

学生在正式上课之前，应当做好如下准备：

- 在课前预习老师安排的教学内容，完成老师安排的学习准备
- 准备好需要向老师提出的本项目范围内的问题

10.1.1 汽车金融服务

? 汽车金融服务有哪些类型？

1. 汽车金融服务作用

汽车金融服务主要是为汽车生产、流通、购买、消费提供资金的金融活动，包括筹资、信贷利用、抵押贷款贴现、证券发行和交易，以及相关的保险和投资活动。周转期长，资本流动和附加值相对稳定。汽车金融是消费者向汽车金融公司申请购车贷款的优惠支付方式，他们可以根据自己的需要选择不同的支付方式。与银行相比，汽车金融是汽车消费的新选择。国外汽车金融机构体系有商业银行、汽车金融公司、信托公司、信贷联盟等。我国汽车金融机构体系主要有商业银行、汽车金融公司、汽车企业集团金融公司、金融租赁公司等。

汽车金融服务的作用：对于制造商来说，汽车金融服务是实现产销资金分离的主要途径。对于经销商来说，汽车金融服务是现代汽车销售系统中不可缺少的基本手段，是扩大业务的有力支持。对于消费者来说，汽车金融服务是汽车消费的一种方式，在宏观和微观经济上有非常重要的意义。

汽车金融服务是汽车售后市场的重要组成部分。与国外相比，国内汽车金融的渗透率较低，但市场增长潜力巨大，其快速发展背后的驱动因素包括中国汽车消费市场的快速增长、消费和消费观念的转变、汽车金融市场参与者日益多样化、汽车金融产品和服务更加丰富、个人信用信息系统得到改善、汽车金融业政策的扶持。

中国汽车金融起源于20世纪90年代中期，始于汽车保险和信贷领域。经过多年的发展，市场规模逐步扩大，涉及汽车消费的各个领域。随着激烈的竞争和越来越大的利润挑战，汽车公司和经销商希望通过汽车金融向消费者提供更多的营销支持，以更有效地达成新车交易。对于汽车金融而言，网络金融不仅意味着一种新的商业模式，而且消除了制度和市场对汽车金融发展的其他障碍。对于汽车金融的消费者，互联网金融可以扩展到汽车工业的所有领域，如生产、销售、保险和租赁。我国汽车消费信贷已开始向专业化、规模化方向发展，有效地激活了汽车消费市场。

根据《2008 年汽车金融公司管理办法》的规定，汽车金融公司通过向银行借款、发行金融债券、出售应收款、同业拆借、收取保证金、吸纳股东存款等方式筹集资金。对于大型汽车金融公司而言，向银行借款、发行金融债券是主要的融资方式。在国外，从事汽车金融服务的机构主要包括汽车金融公司、商业银行、信贷联盟、信托公司等。

商业银行和汽车金融公司在网络推广方面各有优势，银行有网点和客户，汽车金融公司依靠经销商网络。网络金融不仅可以在汽车抵押贷款和汽车购买中发挥作用，它还可以扩展到汽车工业的许多领域，如融资租赁、二手车维修保养、车辆保险，以及汽车经销商的上游和下游供应链。

汽车金融服务的主要制度和特点见表 10 – 1。多元化主要体现在融资对象、金融服务类型和区域的多元化，汽车金融公司不再仅仅局限于为企业品牌融资，而是通过代理制将融资目标扩展到各种汽车品牌，传统的汽车购买信贷已渗透到汽车衍生消费等个人金融服务领域，除了信贷业务之外，它还包括金融服务，如融资租赁、汽车购买储蓄、汽车消费保险、信用卡、担保、汽车应收账款保险代理、汽车应收账款证券化。

表 10-1 汽车金融服务的主要制度和特点

商业银行	一方面是直接参与汽车信贷业务，为个人消费者或汽车厂商、汽车销售商提供融资需求；另一方面是为其他的汽车金融机构提供资金上的支持
汽车金融服务公司	汽车金融服务公司是办理汽车金融业务的企业，通常隶属于汽车销售的母公司，向母公司经销商及其下属零售商的库存产品提供贷款服务，并允许其经销商向消费者提供多种选择的贷款或租赁服务。 除金融服务外，从购车到售后服务，它们还可以提供一系列的全方位服务，它们可以变相打价格战，而从其他方面赚钱，银行则没有条件这样做。经过较长时间的发展，汽车金融服务公司的发展已经非常成熟完善
信托公司	信托公司资金来源主要集中在私人储蓄存款和定期存款，资金运用则侧重于长期信贷，汽车金融服务也是目前信托公司从事的主要业务之一
信贷联盟	它是由会员共同发起，旨在提高会员经济和社会地位，并以商品合理的利率为其会员提供金融服务的一种非营利性信用合作组织。在资金来源方面，除了会员的存款或储蓄外，信贷联盟还可以向银行其他信贷联盟筹集资金，但有最高限额或比例的限制。在信贷业务方面，信贷联盟可以对其会员发放生产信贷、汽车消费信贷等，信贷联盟对会员发放贷款一般也有数额及期限上的限制条件
保险公司	汽车金融是汽车服务环节必不可少的一部分，但是只要涉及"金融"，伴随的就是"风险"，因此，无论是社会管理部门还是汽车金融服务的供需双方都有规避风险的偏好。另一方面，保险公司是进行风险管理的专业商业机构，客观上哪里有风险，哪里就是保险公司生存的市场。因此，汽车金融服务领域中，保险公司是一个相对重要的参与主体
社会征信体系	我国的市场经济体系逐渐走向成熟，市场变为买方市场时，信用交易必将成为市场交易的主流，而作为信用交易支撑的征信制度的重要性，也将随着我国社会经济的进步、交易关系的日益错综复杂和涉及范围的日趋扩大而不断增强。社会征信体系的作用是支持扩大内需的经济政策的实现；减少或避免信用风险的发生；解决一些特殊的社会问题。社会征信体系有助于解决我国法院执行难的根本问题，同时还可以起到净化市场经济环境、减少违法犯罪的功效

2. 汽车金融业务类型

（1）汽车批发融资　汽车批发融资是指金融机构为汽车经销商提供的金融服务，涉及库存融资、建设融资、试驾融资、并购贷款和现金管理等领域，其中，库存融资占多数。汽车批发金融的市场参与者主要包括商业银行、汽车金融公司和金融租赁公司，其中商业银行和汽车金融公司为主要参与者。商业银行向经销商提供的主要贷款产品包括库存融资、建设融资和周转贷款。

汽车金融公司的主要业务包括经销商库存融资和消费者信贷，汽车金融公司提供的融资支持主要是面向品牌授权经销商，在一定程度上缓解了经销商的财务压力，但提供的资金总量有限。汽车金融公司提供的主要金融产品包括经销商贷款、零售贷款和金融租赁。

（2）消费金融 汽车消费金融是指金融机构在汽车销售过程中向消费者提供的金融服务，自从中国开展汽车消费金融业务以来，商业银行和汽车金融公司占据了大部分市场份额。随着中国金融业的发展，融资渠道的扩大和市场参与者的日益丰富，汽车制造金融公司、金融租赁公司、消费金融公司、网络金融公司乃至小额贷款公司将广泛参与汽车消费金融行业。过去，中国的汽车消费金融渗透率不到5%。据中国银监会统计，2018年汽车金融公司的金融渗透率达到35%~40%，随着消费者观念的转变和财务管理意识的增强，汽车零售贷款的渗透率将继续提高。2016年，中国人民银行和中国银行业监督管理委员会联合发布了《关于加大对新消费领域金融支持的指导意见》，拓宽了消费金融服务机构的融资渠道，鼓励汽车金融公司和消费金融公司发行金融产品、债券和银行同业拆借，鼓励汽车金融公司业务产品创新。允许汽车金融公司向消费者提供购车贷款（或融资租赁），同时提供附加于购买车辆的附加产品（如导航设备、外膜、充电桩等）和延长车辆保修、为车辆保险等无形附加产品和服务融资。

（3）汽车保险 商业汽车保险费率市场化改革后，赋予了保险公司更大的自主权，提高了绩效差异。2015年中国保险监督管理委员会发布了《关于深化商业车险条款费率管理制度改革试点工作方案》。该方案给出了最新的商业汽车保险费率确定方法，商用车保险改革试点全面实施。汽车保险费率市场化后，保险公司将拥有商用汽车保险费率的自主权，并在参考标准纯风险保险费的基础上实行差别定价。差别定价的基础可以是一系列因素，如消费者驾驶行为、违章记录、车辆备件价格、维修成本等，这些因素基于驾驶人对车辆的使用程度。保险取决于实际驾驶时间、位置、具体的驾驶习惯等。这些指标的数据需要通过安装在汽车上的小型汽车远程通信设备来实现，并且国内相关硬件设备的发展相当成熟。

其次，4G通信实现了车辆信息到互联网的实时传输，即汽车互联网的实现，支持与汽车保险相关的定价、索赔和后续维修服务。汽车互联网的大数据使保险公司进一步开发差异化产品和寻求市场细分服务成为可能。未来的网络汽车保险竞争模式主要取决于交通状况和场景，近年来，互联网电子商务的快速发展给保险业带来了巨大的冲击和变化，网络保险已经成为保险业的必然选择，网络保险的实质是以较低的成本、更好的服务和最便捷的订单方式为平台获得保险单。网络汽车保险之所以发展迅速，是因为它解决了传统保险公司销售模式落后、销售成本高的问题。自2015年以来，保险公司经历了汽车保险费率改革、网络渠道力量、网络企业参与汽车保险市场的历程，例如京东推出京东金融，腾讯、阿里、平安联合推出中安保险等，先后获得网络保险许可证。

（4）二手车金融 二手车数量巨大，对汽车金融的需求不断增长。近年来，随着汽车市场由增量市场向股票市场的推进、城市化进程的加快和消费观念的转变，我国二手车市场保持了稳定快速的增长。随着我国二手车市场规模的迅速扩大，汽车金融在二手车管理中的作用越来越重要。与新车销售一样，每个交易实体在交易过程中产生资本要求，如经销商和二手车经销商的二手车库存融资，以及个人消费者的汽车融资。汽车金融的参与将有助于解决交易各方的资金问题，并有助于开放二手车销售。与新车业务不同，二手车在评估和定价上存在一定的困难，二手车金融的参与进一步提高了定价和风险控制的要求。

目前，国内二手车金融的参与者主要包括汽车金融公司、金融租赁公司和二手车电子商务平台。就汽车金融公司而言，各大汽车金融公司已经开始了二手车个人理财业务。例如，上汽通用汽车金融、奇瑞汇银汽车金融和大众金融的二手车贷款等。就融资租赁公司而言，二手车领域的融资租赁公司可分为独立的汽车融资租赁公司、经销商集团融资租赁公司和二手车经销商融资租赁公司。对于二手车电子商务平台，目前国内最大的二手车电子商务交易量是从 B2B、C2B 竞拍模式开始的。

（5）新能源汽车库存融资　新能源汽车库存融资业务模式可分为银行承兑汇票模式和类似流动资金贷款模式。其中，银行承兑汇票业务占新车领域的主导地位，其特点是主机厂信用的背书和极低的资金使用成本。新车库存融资分为贷前、贷中和贷后三部分。除做好贷前信贷控制、贷中资质控制和贷后数据风险控制外，还应在专项资金和物资上加强道德风险和坏账清偿的处理的三个层面风险控制能力。

贷前环节分为四个步骤：项目立项、资料收集、撰写报告及贷审会。在数据收集阶段，可以通过厂商和其他分销商获取基本信息，然后与贷款经销商沟通信用结构和担保机制。根据动产抵押等风险控制内容，形成完整的信用结构和信用状况报告，并提交贷审会。

贷中环节分为现场签约和网上贷款两个步骤。其中，现场签约涉及如授信合同、三方合同、动产抵押合同、不动产抵押合同、个人担保合同、法人担保合同、承诺书、放弃请求权声明等，贷款上线则会因为授信审批规定，导致贷前条件发生更多变化，合同重复修改。

贷后环节分为贷后检查、运营监督、库存管理、还款检查四个部分。客户经理进行贷后检查以评估经销商的风险水平，掌握经销商的财务状况和库存状况，预测经销商的风险；库存管理分为三个方面：库存检查、库点报备及出入库管理。还款检查是指经销商及时还款的监督检查。

（6）汽车销售行业的并购　并购的目的不仅是占据更多的 4S 店，增加经营收入，更重要的是，通过 4S 店渠道，直接占有客户资源，促进集团汽车金融、租赁等业务发展。经销商之间的并购整合必然会产生大量的融资需求，为金融机构和汽车经销商之间的合作带来更多的机会。

银行汽车金融中心的服务模式主要是通过与经销商、汽车制造商建立业务伙伴关系，以经销商为主要分销渠道，在各地设立分中心，发展汽车金融和信贷相关业务。同时，为了抢占汽车信贷市场，越来越多的汽车公司开始向汽车金融公司增资。与商业银行相比，汽车金融公司的优势体现在经销商的库存融资困境。在保留传统新车库存融资业务的前提下，越来越多的金融公司开始逐步涉足二手车库存融资和新能源领域，为经销商提供金融保护，缓解经销商的迫切需求。

（7）融资租赁公司　传统的银行租赁公司的租赁对象主要集中在飞机、船舶、大型成套设备等资本性物品上，依靠品牌、客户、网络和技术优势建立相对完整的金融租赁产品和服务体系，目前正值汽车时代。电子消费金融市场发展迅速，越来越多的金融租赁公司试图以强大的金融实力开展大规模的汽车融资租赁业务。

（8）网上银行　在互联网金融领域，汽车资产逐渐成为主流资产之一。网络汽车金融具有三大优势：一是汽车资产流动性强，交易成本低；二是配额小，期限灵活，容易被借款人和投资者接受；三是汽车贷款业务易于规范，有利于规模和风险控制。在互联网巨头中，阿里已经通过与50多家汽车公司的合作，与雪铁龙、日产、别克和力帆达成了贷款服务。百度公司通过推出百度汽车平台，已经与各大银行和网上贷款平台达成了贷款业务。腾讯通过参与汽车贷款完成了汽车金融的规划。目前网络金融的资产类型主要有小额信贷、供应链金融和汽车金融。其中，汽车金融资产以其高流动性和高安全性而备受青睐。

（9）汽车共享平台　在中国，各种各样的商店可以为消费者提供诸如车辆检查和咨询等服务。神州汽车金融中心多年来积累的汽车数据与神州闪存贷款的汽车金融服务能够达到最大的协同作用。对于不同的客户，神州闪存贷款提供各种产品，包括新车消费信贷，汽车抵押贷款和二手车贷款服务。

10.1.2　汽车消费信贷与风险管理

? 汽车消费信贷有哪些风险？

1. 汽车消费信贷

汽车消费信贷是指对申请购买轿车的借款人发放的人民币担保贷款，是银行与汽车销售商向购车者一次性支付车款所需的资金提供担保贷款，并联合保险、公证机构为购车者提供保险和公证。汽车消费信贷起源于1907年美国购买私家车的分期付款方式。到1919年，福特汽车公司65%的汽车是分期销售的。目前，美国80%的汽车销售是通过分期付款方式实现的，在美国商业银行的消费信贷中，汽车贷款占有非常重要的地位，其信用额度仅次于信用卡。

信用是一种借贷行为，用于购买汽车消费信贷，是以偿还本金和利息为条件的特殊价值运动。从经济内容的角度看，货币持有人借钱给他人使用，在商定的时间内收回，并收取一定的利息作为债权债务关系的借钱。借贷双方应根据此原则依法签订借款合同。信用是一种借贷行为，依据的原则是当事人之间形成的债权债务关系，实行部分自筹、有效担保、专款专用、按期偿还。借款人必须按照约定的贷款期限和贷款金额偿还贷款，并在偿还贷款时按约定的利率支付利息，并将贷款本金退还给贷款人。

消费信贷是调整生产和消费的有力杠杆，可以通过早期实现购买力来平衡和调整消费，能够调节社会总供给与总需求的矛盾，可以禁止"高利贷"活动的范围。消费信贷的特征有利率水平高、成本费用高、违约风险大、利率敏感性低、规模变动呈周期性等特征。

消费信贷按使用情况可以分为商品信贷、服务信贷两种。按提供者类型分为零售商向消费者提供的商业信贷和金融机构提供的银行信贷或现金信贷。按贷款和偿还方法分为循环信用、分期付款信用与一笔付清等类型。

汽车消费信贷可以引导社会需求和生产，促进工业经济和整个国民经济协调、持续、快速发展。促进汽车消费，振兴汽车产业的巨额资产存量，提高资本运营效率。通过汽车消费信贷刺激汽车消费，提高居民生活水平，促进消费结构升级，促进金融机构优化存量和贷款增量，提高资金使用效率。汽车消费银行信贷申请表见表 10-2。

表 10-2 汽车消费银行信贷申请表

申请人基本信息	申请人姓名			性别		出生日期		年　　月　　日		
	身份证号码									
	家庭住址						邮编			
	现住地址						邮编			
	手机			紧急联系电话			QQ 号			
	健康状况	良好□　一般□　较差□		婚姻状况	未婚□　已婚□　丧偶□　离婚□			有无子女	有□　无□	
	最高学历		研究生及以上□　　本科□　　大专□　　中专或高中□							
	E-Mail 地址									
	工作单位及部门						是否自营公司		是□　否□	
	公司地址									
	公司电话			公司注册资金数			公司人数			
	公司经营类别及经营状况									
配偶信息	姓名			性别			身份证号码			
	电话				通讯地址					
借款金额	_____元		借款期限		借款用途			借款支付方式	现金□　转账□　现金加转账□	
质押物（车辆）权属情况声明			全款□　　贷款□　　抵押□　　查封□　　权属有争议□　　其他							

借款申请人声明：

1. 申请书以上所填内容为本人所填，且完全属实。本人自愿承担因填写不实所引致的一切法律责任。

2. 本人承认以此申请书作为向贵行借款的依据。报送的资料复印件可留存贵行作备查凭证，愿意按贵行要求办理贷款手续。

3. 经贵行审查不符合规定的借款条件而未予受理时，本人无异议。

4. 本人保证在取得贵行典当贷款后按时足额偿还典当贷款本金及相关综合费用和利息并承担相应法律责任。

申请人签字：_____

年　　月　　日

汽车消费信贷有直接客户模式、间接客户模式两种。直接客户是由银行、专业信用调查公司、保险公司和汽车经销商联合组织的。银行直接面对客户。银行对客户的信用进行审核和评估后，与客户签订信用协议。客户在银行设立的汽车消费信贷机构中取得汽车贷款额度，贷款额度可以用来去汽车市场买自己满意的产品。间接客户是由银行、保险公司和经销商联合组织的，交易商是主体。该模型的特点是交易者为买方办理贷款手续，负责对贷款买方进行信用调查，为客户自己的资产承担连带责任担保，并代表银行收取贷款本息，买方可享有企业提供的一站式服务。非银行金融机构组织对汽车购买者的信用进行调查、担保和批准，并向汽车购买者提供分期付款，这些非银行金融机构通常是汽车制造商的金融公司。

申请汽车消费贷款的借款人所需的条件如下：

（1）个人申请汽车消费贷款所需的条件

①具有完全民事行为能力的自然人。

②有当地常住户口或有效居民身份证，有固定的住所。

③有正当职业和稳定的收入来源，具备按期偿还贷款本息的能力。

④持有与贷款人指定经销商签订的指定品牌汽车的购买协议或合同。

⑤提供贷款人认可的财产抵押、质押或第三方保证，保证人应为贷款人认可的具有代偿能力的个人或单位，并承担连带责任。

⑥购车人为夫妻双方或家庭共有成员，必须共同到场申请，一方因故不能到场，应填写委托授权书，并签字盖章。

⑦在贷款人指定的银行存有不低于首期付款金额的购车款。

⑧贷款人规定的其他条件。

（2）法人申请汽车消费贷款所需的条件

①在当地注册登记，具有法人资格的企业、事业单位，出租汽车公司或汽车租赁公司应具有营运许可证。

②在工商银行开立账户，并存有一定比例的首期购车款。

③信用良好，收入来源稳定，能够按期偿还贷款本息。

④提供贷款人认可的财产抵押、质押或第三方保证。

⑤贷款人规定的其他条件。

分期付款形式的汽车消费贷款：汽车制造商或汽车经销商，直接向以自身资产购买汽车的消费者提供分期付款方式。经销商担保是指银行通过向经销商提供贷款向借用汽车的消费者提供的分期付款。

银行提供的汽车贷款担保贷款：汽车消费担保贷款是商业银行和汽车经销商向购买汽车的借款人发放的人民币担保贷款。银行提供的汽车贷款担保贷款的类型主要有汽车抵押贷款、汽车按揭贷款、汽车质押贷款、第三方担保贷款等。

1）汽车抵押贷款：购买汽车的借款人使用汽车的所有抵押品作为获得贷款的条件。出借人和抵押人签订抵押合同后，双方必须按照有关法律、法规的规定办理抵押物登记。抵押合同自登记之日起，在借款人还清汽车贷款的本金和利息之前，借款人不得转让对抵押物的占有权。

2）汽车按揭贷款：当借款人在购买汽车时至少支付首付款的 20% 时，汽车经销商将借款人购买汽车的产权转让给银行作为偿还担保，然后银行贷款用于支付剩余的汽车购买。在贷款还款之前，汽车的所有权作为债务担保抵押给贷款银行。在偿还了抵押贷款的本金和利息后，银行将汽车的所有权转移回汽车购买者。

3）汽车质押贷款：汽车质押贷款是银行允许汽车借款人使用该财产或第三人的动产作为质押发放贷款。动产质押是指购车人和债务人将自己的动产转让给贷款银行，暂时归银行所有，并将转让的动产作为购车用途贷款的债务担保。债务人不履行债务的，贷款银行有权依法扣除抵押物价或者拍卖、变卖动产，所得价款优先用于清偿。

4）第三方担保公司：该经销商拥有很高的商业信誉，为合格的汽车消费贷款申请人提供第二方担保，银行向在特别经销商购买汽车的借款人提供贷款。

分期付款是一种分期偿还本金和利息的贷款，计息的方式有等额本息和等额本金两种。用户分成几期，每月分批给钱。分期付款在当前低迷的市场环境中被很多商家看作是抢占市场份额的有效手段。商家推出的分期付款售车活动一般都要求余款在二年内付清，部分商家把付款期限扩展到 5 年，首付低，对消费者更具吸引力。

大多数销售商针对消费者的不同需求展开了信贷消费的一条龙服务，将繁琐的贷款购车手续变得简单快捷。从车辆的选定、收费、办理银行卡、保险、银行签字到办理泊车位证明、移动证、验车上牌全由专业销售人员来做，客户只需提交所需资料即可。如果是买二手车的贷款，首付款是从车辆销售价格的 20% 起付，贷款期限不高于 3 年。对于贷款人必备条件、所需资料和贷款流程等操作流程基本等同于新车贷款。年龄要求在 20~60 周岁，必须具有稳定的职业和稳定收入确保按期偿还车款本息能力。等额本息和等额本金计息方式见表 10-3。

表 10-3 等额本息和等额本金计息方式

	等额本息	等额本金
特点	借款人每月始终以相等的金额偿还贷款本金和利息，偿还初期利息支出最大，本金就还得少，以后随着每月利息支出的逐步减少，归还本金就逐步增大	借款人每月以相等的额度偿还贷款本金，利息随本金逐月递减，每月还款额亦逐月递减
计算方法	每月还款额 = 本金 × 万元月均还款额 万元月均还款额 = $I(1+I)m/[(1+I)m-1]$ I = 银行月利率 m = 还款总期数（个月） 每月利息 = 剩余本金 × 贷款月利率 每月本金 = 每月月供额 - 每月利息	每月还款额 = $P/m + (P - 累计已还本金) \times I$ P = 贷款本金 I = 银行月利率 m = 还款总期数（个月） 每月本金 = 总本金/还款月数 每月利息 = （本金 - 累计已还本金）× 月利率

2. 汽车消费信贷原则和偿还方式

（1）银行借贷原则

1）借款人质量调查。在调查借款人质量时，银行必须首先了解借款人的意愿。银行唯一可以获得的定量信息是借款人的申请和信用历史。如果借款人是银行的现有客户，银行可以根据借款人过去的表现做出判断。如果借款人是新客户，银行一般需要获得借款人的身份证，核实其情况，并审查贷款申请的准确性。如果有必要，也可以咨询与借款人有贷款关系的其他单位。

2）借款人资本的信用分析。借款人资本的信用分析是指银行对申请贷款的借款人财富和收入水平的估计。借款人的财富和收入水平直接反映了借款人在支付一般生活费用和偿还其他债务之后偿还贷款的能力，因为消费贷款几乎总是从借款人收入中偿还。

3）调查借款人抵押品。消费信贷中的抵押品可以是用贷款融资购买的资产，如汽车或房屋，可以是借款人拥有的其他资产，也可以由第一人的人格担保。在正常情况下，抵押要求必须具有与贷款金额相当的价值，并且该价值必须是稳定的，并且具有一定的流动性。

4）按时还款的基本原则。首先借款人应按期履行还债义务，客户可以在贷款银行开立的账户中存款，银行直接按期转账，每次付款完成或转账完成时，银行必须立即通知经销商登记备案，借款人在还清全部本息后终止贷款合同。

5）违约处理的原则。首先，根据合同，经纪人直接出示或者向法院申请扣除抵押车辆。车辆拍卖不足以清偿债务的，由经销商和保险公司承担对银行的全部责任。经销商负责支付20%，保险公司负责支付80%。如贷款人和车辆均无踪迹，由经销商、保险公司按照签订的协议承担100%的银行贷款清偿责任。常见汽车消费信贷模式优劣对比见表10-4。

表10-4 常见汽车消费信贷模式优劣对比

特点	汽车金融贷款	信用卡分期
优点	①灵活偿还。汽车金融公司通常有两种类型的贷款，标准信贷和灵活信贷，它们适合不同的消费者 ②程序简单。在贷款条件方面，汽车金融公司贷款更加注重汽车购买者的个人信用。教育、收入和工作都是参考标准。它们不需要像银行一样进行质押。外国户籍不会成为贷款的障碍 ③贷款发放速度比较快，一般在几个小时到几天内即可完成	以最便捷的方式获得最大的汽车贷款方法。没有利息，没有户籍限制，新客户有了信用，处理起来更加方便快捷

(续)

特点	汽车金融贷款	信用卡分期
缺点	①相对于银行汽车贷款，汽车金融公司的贷款利率更高，一些手续将要求消费者支付 ②对提前还款有一定的限制，如果消费者想要提前还款，他们必须支付相应的违约金	①贷款期限很短。汽车购买计划的期限通常最长为24个月，只有少数型号的汽车可以提供36个月的分期付款计划。汽车金融公司和商业银行的贷款期限不到5年。对于收入较低的消费者来说，月还款的压力更大 ②首付款相对较高。一般首付比例需要达到汽车价格的40%。信用卡中心将根据每个客户的情况审查金额。如果客户要求的金额不够，则需要额外的首付款 ③贷款成本很大 ④贷款人需要按照约定的比例支付信用卡分期付款费用。一般来说，信用卡分期付款费在汇票开立后的第一个月需要一次性付清，并且分期付款费不少于平均银行贷款利率
特点	贷款门槛低，审核要求不高，手续简便快捷，可以在4S店一站式办理，基本不用其他费用	手续比较简单，没有利息，有手续费用，首付比例较高
适合人群	在当地没有房产但是有稳定收入的外来人员	有一定积蓄并拥有良好信用记录的年轻消费者

(2) 偿还方式

1) 每月还款和季度还款。这两种还款方式侧重于还款期限的长短。月度法按月划分偿还期，季度法则是每个季度的偿还期。这两种"大件"可以组合成四种基本支付方式：月均本息、月均本金、季均本息和季均本金。

2) 递增和递减方法。这两种还款方式指出了每个还款年度的还款趋势。增量法表明，基于上述四种还款方法，还款额逐年增加，递减规律相反。因此，可以把月等收入年利率增量法、月当量本息年递减法、月当量本金年递增法、月当量本金年递减法、季度当量本息年递增法结合起来，如季度当量本息递减法、季度当量本金年度递增法、季度当量本金年度扣除法。

汽车消费信贷流程如图10-1所示。

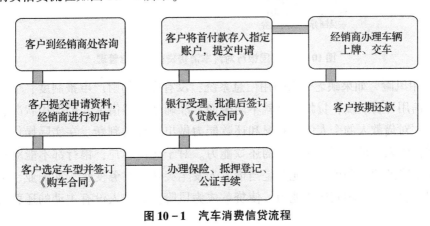

图10-1 汽车消费信贷流程

客户提交申请资料，经销商进行初审，客户需提供的资料有贷款申请书、有效身份证、职业和收入证明以及家庭基本情况、购车合同协议、担保所需的证明或文件、贷款人规定的其他条件等，银行接受并批准贷款合同的签订。

3. 汽车消费贷款的潜在风险

汽车消费贷款是个人消费贷款业务中新兴的品种，只是最近才得到快速发展。然而，随着汽车消费贷款业务的持续增长，潜在的风险正慢慢开始显现。面对这种情况，有必要对汽车消费贷款潜在风险的成因进行合理的分析，采取针对性的应对策略，加强风险管理。只有这样，才能保证汽车消费信贷业务实现健康、稳定的可持续发展。

汽车金融服务机构面临的风险有信用风险、管理风险、环境风险、市场风险、操作风险和流动性风险。我国银行对汽车消费贷款的风险管理如图 10-2 所示。

	全面风险管理系列	信用风险管理系列	操作风险管理系列	流动性风险管理系列	风险数据平台系列
咨询服务	▸全面风险管理系统规划 ▸预警规则梳理分析	▸评级模型咨询开发及验证 ▸评级应用策略设计 ▸预警规则梳理分析	▸关键风险指标梳理 ▸风险事件收集模板梳理 ▸预警规则梳理分析	▸流动性风险指标落地分析	▸风险数据集市架构规划 ▸风险数据集市应用设计
系统产品	▸全面风险管理系统 ▸全业务风险监测系统	▸对公内部评级系统 ▸零售内部评级系统 ▸企业财务分析系统 ▸信用风险预警监测系统 ▸商户反欺诈预警监测系统 ▸征信上报采集分析系统 ▸账户账页监测分析系统 ▸押品管理系统 ▸资产保全系统	▸操作风险管理系统 ▸操作风险和合规管理系统 ▸操作风险和内控合规管理系统 ▸内控合规管理系统 ▸运营风险监测预警系统	▸资产负债管理系统 ▸流动性风险计量引擎	▸风险数据集市
客户名称	天津银行 东吴证券 新华保险	交通银行　兴业银行 国家开发银行 中国进出口银行 北京银行　天津银行 大连银行　重庆银行 长沙银行　吉林银行 泰隆银行　台州银行 东吴证券　银河证券 ……	交通银行 杭州银行 哈尔滨银行 太仓农商银行 新华保险	中国银行 招商银行	北京银行　天津银行 重庆银行　吉林银行 泰隆银行　台州银行 太仓农商银行 东吴证券　快线支付 新华保险 ……

图 10-2　我国银行对汽车消费贷款的风险管理

（1）信用风险　如果缺乏个人信用信息系统，没有完善的财产申报制度、个人收入报告制度和个人信用评价制度，贷款银行就不能全面、准确地了解借款人的信用状况、财务状况和收入状况，对借款人的个人信用状况和还款能力做出合理的判断。在实际操作中，大多数银行依靠单位收入凭证来判断借款人的还款能力。对于任何客户，银行都不能对贷款人的信用评级做出准确的评估和评级，尤其是当借款人发生突然的财务变化，如失业、工作变动等财务困难时，会直接影响其还款能力，使贷款成为风险。有些人没有主动的还款心理，车主的理性违约给贷款银行带来了巨大的风险。有些受托人没有良好的信用观念，在没有对其偿付能力和经济实力进行全面评估的情况下就申请贷款，对未来能否还款没有认真的分析和衡量，容易造成信用风险。也有少数人恶性贷款，申请时伪造了个人资料，并且没有考虑偿还贷款，故意逃避债务等，信用制度的缺陷给银行贷款按时收回留下了隐患。

(2) 管理风险　虽然汽车消费信贷规模越来越大，但银行信贷管理水平仍然滞后，还存在着贷款手续复杂、服务不到位、专业素质不强、效率低的情况。管理风险的主要表现如下：

①盲目性地与经销商合作。银行没有充分评估经销商的保证能力，埋下了巨大的风险隐患。为了获得市场份额，许多银行对经销商的注资要求较低。为了扩大业务，一些经销商通过向借款人出售有质量问题的车辆或虚报汽车价格，间接降低首付比例，并将资金实力不足的汽车购买者转介给商业银行转移贷款风险。

②银行没有进行详细的贷款前调查和严格控制客户准入标准。由于人员少、管理少，银行在申请时没有核对贷款人的收入水平、还款能力和信用状况，单方面注意贷款人的职业和薪金收入证明，调查诚信缺失。贷款申请的内容是真实的，并且出现借款人提供虚假信息的情况。

③贷款审查不够严格。业务经理没有严格审查借款人的还款能力，无法准确识别还款能力证明的有效性。

④未落实贷款后的后续审查工作。管理粗放，风险预警机制滞后。一些银行未能及时跟踪借款人并注意信息的变化。银行没有核实借款人的借款是否用于购买汽车或抵押登记程序是否及时。在贷款逾期后，没有采取有效措施及时收回，导致风险潜力不断增加。

(3) 环境风险　国家对区域汽车产业和汽车产业的政策调整将对借款人的还款能力、还款时间等产生巨大影响。例如，进口车辆政策的变化、车辆排放限制的变化以及运输路线的变化都将导致借款人偿还意愿和能力的变化。

4. 汽车消费贷款风险管理对策

(1) 完善信用信息系统　应借鉴国外汽车消费信贷的成功经验，加快建立个人信用信息系统。健全个人信用体系不仅是汽车消费信贷的必然要求，也是整个信贷市场和整个金融市场稳定发展的必然要求。个人信用信息系统的建立和完善应该建立在银行统一协调组织的基础上。各种金融机构一起合作，例如保险公司、证券公司和商业银行。各单位在业务开发过程中应合理化控制客户的信息和资料，并建立相应的信息档案子库。借助于互联网技术，开放式信息平台可以实现信息档案子库的共享，保证所有金融机构及时、有效地识别诚信不良客户。可以构建一个独立的部门，对客户的汽车消费信用进行评价，并根据综合评价结果制定风险预处理方案，从而有效地降低信用风险。

(2) 加强信用管理　加强与汽车经销商的合作和管理。在选择经销商的过程中，必须严格验证合法资格证书，以确保合作经销商具有丰富的销售经验、稳定的客户基础、独立的销售渠道、雄厚的经济实力和可靠的信息。经销商的资格有严格的规定，如果符合合作条件，必须与他们签署相关协议，以明确他们的责任和义务，例如，确保汽车购买交易具有合法性和真实性。

如果经销商不符合合作条件，或者有违约、押金比例不足等情况，不得与经销商签订合作协议，必须及时终止。应要求合作经营者在银行开立结算账户和基本账户，并在该账户中存入贷款，有利于银行对贷款进行监控。商业银行在经营过程中，应密切关注经销商的声誉、账户资金、资产负债、经营管理等各个方面。深入了解其法律代理人和利益相关者的法律素质，可以有效防范道德风险。此外，经销商还应拥有当地可用于抵押的固定资产，以防止经销商通过虚假合同进行欺诈性借贷。汽车经销商应及时缴纳押金，银行应建立专业的部门以约束汽车经销商的行为，减少不良贷款的可能性。

（3）加强贷款前审查，认真选择贷款目标。汽车消费贷款业务经理应当对借款人的申请材料进行现场调查，确保其具有良好的合法性、有效性和真实性。了解更多关于借款人偿还能力、购车行为的合理性和身份的信息。重点核实疑点借款人的信用记录、购买后的预期收入、还款来源、主要收入来源和家庭状况。确保贷款的真实性和借款人首次还款来源的充分性，并对调查结果进行分析，然后进行负责任的贷款调查。银行应当根据客户提交的申请对客户的信用等级进行分类，在此基础上决定是否向客户提供贷款服务和决定担保方法等，为贷款的发放提供担保，降低风险。

（4）加强贷款审查　加大贷款审核力度，贷款审批人员必须严格审查贷款业务经理提供的客户首付证明、调查报告和申请报告，确保数据的完整性和真实性，同时确保政策的可行性。

（5）搞好贷款后管理　对于银行信贷来说，贷后管理至关重要，要做好贷款后检查工作。商业银行必须与担保公司、保险公司和汽车经销商密切合作，跟踪和监测借款人的实际情况。如果借款人的信息发生变化，如职位、工作单位、联系方式、地址等，则需要及时进行调整，而借款人的保证方式和财务状况则是关注的焦点。一旦发生变化，就需要及时采取有针对性的策略，消除风险隐患。发放汽车贷款后，信贷员应及时与车辆管理部门联系，核实借款人购买的车辆的牌照、车辆的发动机号和买方的身份证号码，以确保信息与借款人的贷款信息一致。严格检查借款人的还款来源、还款状况、抵押物等。借款人的抵押物和经济状况发生变化时，必须及时报告，并按照有关规定提起诉讼，或者向保险公司要求赔偿。信贷资产应具有良好的安全性，可以完全收回本金和利息。如果借款人拒绝偿还贷款或恶意违约，可以使用车辆检查信息进行追踪操作。严格按照贷款后管理制度，跟踪和管理借款人，定期回访，建立独立的信息档案，鼓励客户形成良好的还款信用。此外，还要进行风险预警管理，重点监测交通事故、车辆使用困难和预期收入下降，及时采取强制性退出措施。

10.2　实践训练

实训任务	对客户的财务状况进行分析并提出合理的建议

(续)

	实训准备	可上网的电脑、白板笔、白板纸、移动白板
	训练目标	掌握汽车信贷营销的技巧 掌握与客户沟通的方法与技巧
	训练时间	90min
	注意事项	每一位同学都应当积极发言,能够在讲台上清晰地回答出老师提出的问题

任务 对客户的财务状况进行分析并提出合理的建议

任务说明

客户买车的目的是用于个人商务,个人背景为水果店老板,汽车总价为 102 万元。客户目前的财务状况是能全款买车,但是生意上需要资金周转,为不影响店铺的经营,可以安全支配的资金不少于 50 万元。根据上述信息,请为客户制定一份合理的购车建议。

实训组织与安排

教师活动	• 指导学生对客户的财务状况进行分析并要求给出合理的建议 • 组织学生进行实训任务的课堂展示,并进行点评
学生活动	• 按照任务中的要求填写出要求完成的内容 • 积极参加老师的实训安排,在规定的时间内完成实训任务 • 组员之间应能积极沟通交流学习心得与经验,互帮互助

任务操作

学习任务	请在下面写出答案
汽车消费贷款与分期付款购车的区别	
分期付款买车需要条件	
分期付款买车优势	
分期付款买车付款种类	

请设计向客户推荐分期付款的话术，并进行分组演练。

优惠政策		
手动变速器车型	自动变速器车型	自动变速器豪华高配车型
5000 元大礼包	5000 元大礼包	5000 元大礼包
3000 元免息或等值油卡	2000 元免息或等值油卡	3000 元免息或等值油卡
10 次免费保养	10 次免费保养	10 次免费保养
—	—	购置税减半
5 万首付，1 年免息，0 手续费，0 月供，2 年期贷款	5 万首付，1 年免息，0 手续费，月供，3 年期贷款	0 首付，0 利息，0 手续费，0 月供，5 年期贷款

情景 1：客户对某款车型十分感兴趣，但手中暂无足够现金	
话术设计	总结记录

情景 2：客户已准备购买中配的车型，但看到高配的车型后却显得更想买	
话术设计	总结记录

情景 3：顾客认为贷款购车利息太高，贷款购车不值	
话术设计	总结记录

10.3 探讨验证

教师活动	• 组织学生对实训结果进行汇总，形成报告让学生在讲台上对小组成果进行展示与总结。再针对深层问题，引导学生进行问题探讨
学生活动	• 在课堂上积极回答老师的提问并进行问题讨论，将小组完成的调研报告对大家进行讲解，并对老师提出的问题进行探讨

问题探讨	
问题 1：因为客户的信用程度不高，原来 20% 首付 5 年期的银行贷款被改为 40% 首付 3 年期。如何应对客户的质疑	
问题 2：因为客户的信用问题，客户贷款遭拒，觉得面子有失，不能接受审贷结果，对经销商产生了不满。应当如何解决这个问题	

(续)

问题探讨	
问题3：贷款合同是否必须要申请人和共同申请人本人亲笔签名？配偶一方是否可以代替另一方签字	
问题4：合同约定的抵押担保期为何要规定到贷款本息全部偿还之后6个月止	
问题5：金融公司在借款人贷款期间保管客户的购车发票和《车辆登记证》原件，如何证明，能否可以向客户开具相应的收据	

10.4 项目小结

本项目的学习目标你已经达成了吗？请通过思考以下问题的答案进行结果检验。

序号	问题	自检结果
1	什么是汽车金融？	
2	汽车金融服务的作用有哪些？	
3	金融服务业务类型有哪些？	
4	什么是汽车批发融资？	
5	什么是汽车消费金融？	
6	新能源汽车库存融资业务模式有哪些？	
7	什么是汽车消费信贷？	
8	申请汽车消费贷款的借款人需要具备哪些条件？	
9	分期付款形式有哪些？偿还方式有哪些？	
10	汽车消费贷款要注意哪些潜在风险？	

项目练习

单项选择题：

1. 汽车金融服务类型主要包括（　　　）。
   A. 筹资、信贷利用、抵押贷款贴现　　B. 证券发行、交易
   C. 保险和投资活动　　　　　　　　　D. 以上都对

2. 汽车金融服务对于经销商来说是（　　　）。
   A. 保证经销商的运营资金稳定　　　　B. 扩大业务的有力支持
   C. 消费汽车的一种方式　　　　　　　D. 以上都对

3. 汽车金融服务公司是办理（　　）。
   A. 商业贷款的企业
   B. 汽车金融业务的企业
   C. 融资企业
   D. 以上都对

4. 汽车消费信贷是（　　）。
   A. 一种借贷行为
   B. 用于购买汽车消费信贷的活动
   C. 以偿还本金和利息为条件的特殊价值活动
   D. 以上都对

5. 申请汽车消费贷款的借款人所需的条件是（　　）。
   A. 具有完全民事行为能力的自然人
   B. 有当地常住户口或有效居民身份，有固定的住所
   C. 有正当职业和稳定的收入来源，具备按期偿还贷款本息的能力
   D. 以上都对

问答题：

我国汽车金融公司管理办法中对汽车消费信贷与金融有哪些重要规定？

思考与讨论：

1. 网上银行有哪些业务优势？

2. 如何规避汽车信贷的风险？

参 考 文 献

[1] 李志远. 汽车销售从新手到高手 [M]. 北京：中国铁道出版社，2017.
[2] 陈涛，孙伟. 销售管理 [M]. 北京：机械工业出版社，2016.
[3] 朱小燕. 汽车销售顾问 [M]. 北京：机械工业出版社，2011.
[4] 王丽霞. 汽车销售实务 [M]. 北京：机械工业出版社，2019.